認知療法・認知行動療法カウンセリング初級ワークショップ

著
伊藤 絵 美

星 和 書 店

Seiwa Shoten Publishers

2-5 Kamitakaido 1-Chome
Suginamiku Tokyo 168-0074, Japan

Cognitive Therapy/Cognitive-behavior Therapy : Workshop for Beginners

by
Emi Ito, Ph.D.

© 2005 by Seiwa Shoten Publishers

はじめに

　認知行動療法（cognitive behavior therapy：CBT）に対する興味や関心が，専門家のあいだでも，ユーザー（患者，クライアント）のあいだでも，最近特に高まっているように思います。専門家向けのテキストやユーザー向けの自習マニュアルも，以前に比べると数多く出版されており，少なくとも私が学びはじめた頃に比べれば，CBTの学習環境は格段に良くなっていると言ってよいでしょう。
　しかしCBTのテキストを読んでモデルや技法を頭で理解することと，臨床現場において目の前の患者，クライアントに対して，効果的にCBTを実践することの間には，大きなギャップがあります。そのギャップは特別なものではなく，料理のレシピを熟読することと，美味しい料理を作ることの間にあるギャップと似たようなものだと思います。臨床の場合，そのギャップを埋めるのが，スーパーヴィジョン，ワークショップ，ケース検討といった実践的なトレーニングプログラムだということになるでしょう。しかし日本では，CBTの実践家養成のためのトレーニングプログラムが非常に不足しているというのが現状です。
　このような現状を改善するために，昨年（2004年）私たちは，メンタルヘルス領域における対人援助職の方々を対象に，CBTのワークショップを開催することに決め，これまでに計13回のワークショップを実施しました。いざ始めてみると，参加希望者が思いのほか多く，CBTを習得したいという専門家が増えていることを改めて実感しました。しかしワークショップという実践的なトレーニングだからこそ，1回ごとの参加人数も限られますし，だからといって日常業務がありますので，そうそう頻繁に開催することもできません。そこで私たちのワークショップを書籍とDVDの形で出版したらどうかという案が出され，2004年9月23日，星和書店のご協力のもと，「認

知療法・認知行動療法カウンセリング―初級ワークショップ」というタイトルのワークショップを撮影するに至りました。本書はそのワークショップの内容をまとめたものです。

　この初級ワークショップで私が一番お伝えしたいことは，「CBT は協同的な問題解決のプロセスである」ということです。そのためにはカウンセラーとクライアントが問題解決のためのチームを組む必要があります。その際に不可欠なのが双方向的で活発なコミュニケーションです。言い換えれば，そのようなコミュニケーションが展開されるなかで，協同的な問題解決チームが形成され，そのようなチームだからこそ，認知再構成法や問題解決法といった CBT の技法が生かされると思うのです。そして「どのようにしたらそのようなコミュニケーションをクライアントとの間で展開できるのか」ということが体得できれば，上記の理解と実践のギャップを埋められるのだと思います。

　本書が，皆様の CBT の実践に少しでもお役に立てば幸いです。

　最後に，当ワークショップに参加してくださった専門家の方々，撮影に協力してくださった星和書店の方々，そしてアシスタントとして手助けしてくれた洗足ストレスコーピング・サポートオフィスのスタッフに御礼申し上げます。ありがとうございました。

2005 年 6 月 28 日
伊藤　絵美

目　次

はじめに　iii

第 1 章　認知行動療法の基本モデル　　　　　　　　1
　本ワークショップの目的と流れ　1
　講師の自己紹介　2
　「アジェンダ」とは　4
　認知行動療法の起源　4
　認知行動療法の現状　6
　認知行動療法の基礎理論　6
　認知行動療法の基本モデル　7
　　基本モデルに沿って体験を理解する　8
　　基本モデルの具体例(1)　9
　　基本モデルの具体例(2)　10
　　基本モデルの具体例(3)　11
　　基本モデルの具体例：事例 1 の Y さん　12
　　小さな体験を基本モデルに沿って考えてみる　14
　　モデルを適用する際の個人差　16
　階層的な認知のモデル——自動思考　17
　　自動思考の例　18
　深いレベルの認知　18
　　階層的な認知の具体例(1)　19
　　埋め合わせ戦略　20
　　階層的な認知の具体例(2)　20
　ストレスモデルと認知行動療法　22
　　認知行動療法の基本モデルに沿って，ストレス反応を理解する　23
　コーピングとソーシャルサポート　23

認知系のコーピングと行動系のコーピングを明らかにする　24
　　　サポート資源を明らかにする　25
　アセスメントシート　26
　　　アセスメントシートの記入例：事例1のYさん　27
　　　Yさんのコーピングとサポート資源　28
　　　アセスメントシートを使って，全体像を理解する　29
　認知行動療法の実施者がモデルに慣れる　30

第2章　認知行動療法の基本原則　………………………… 31

　●基本原則1．常に基本モデルに沿ってクライアントの体験を理解する　31
　●基本原則2．カウンセラーとクライアントはチームを形成し，信頼関係を通じて実証的見地から協同作業を行う→協同的実証主義　31
　●基本原則3．「今，ここの問題」に焦点を当て，その解決を目指す→問題解決志向　33
　●基本原則4．心理教育を重視し，クライアント自身が自己治療やセルフカウンセリングができるようになることを目指す。それによって再発を予防する　35
　●基本原則5．毎セッションおよび初回から終結までの流れを構造化する　37
　●基本原則6．カウンセリングにおける具体的目標を定め，その達成のために多様な技法をパッケージ化して活用する　38

第3章　認知行動療法の基本スキル　……………………… 41

　●基本スキル1．双方向的なコミュニケーション　41
　　　従来のカウンセリングに対する苦情　41
　　　クライアントの苦情はもっともなことである　42

認知行動療法のコミュニケーションが目指すこと　43
　　　気分のよい対話とは　44
　　　双方向的な対話のコツ　45
　　　ソクラテス式質問法　46
　　　ソクラテス式質問法の例　47
　　　質問によってモチベーションを上げる　50
　　　双方向的な対話の例　50
　　　状況を具体的に把握する質問　51
　　　状況をさらに具体的に把握する質問　52
　　　イメージを共有できるまで質問を続ける　53
　　　確認したうえで共感を示す　54
　　　ここまでのやりとりのポイント　55
　　　クライアント自身が状況をリアルに想起する意味　56
　　　来談者中心療法における質問　57

●基本スキル２．アセスメントと心理教育　59
　　　認知行動療法におけるアセスメント　59
　　　認知行動療法における心理教育　61
　　　うつ病のクライアントに対する心理教育　63
　　　認知行動療法がクライアントに求めることも心理教育として伝える　65
　　　協同によるアセスメントと心理教育　65
　　　アセスメントシートへの記入　66
　　　アセスメントシートの記入例：事例１のＹさん　68
　　　悪循環を一緒に確認する　69
　　　アセスメントシートに基づく心理教育　70
　　　「認知行動療法」についての心理教育　71
　　　「認知と行動は選択ができる」と説明する　72
　　　心理教育によってモチベーションを上げる　73

●基本スキル３．セッションの構造化　75
　　　認知行動療法における標準的構造化セッション　75
　　　セッションの構造化の具体例：事例１のＹさん　77
　　　アジェンダの時間配分について　78

セッションを構造化する目的と効果　79
クライアント自身が構造化のスキルを身につける　81
アジェンダ設定が重要　81
アジェンダ設定の手順　81
アジェンダを外在化しておく　83
柔軟にアジェンダを扱う　83
アジェンダ設定のスキルをクライアントが習得する　84
アジェンダ設定のポイント　85
アジェンダ設定のロールプレイ　85
アジェンダ設定のロールプレイ：各クライアントの紹介　86
Aさんとのロールプレイ：アジェンダ設定　89
Bさんとのロールプレイ：アジェンダ設定　92
Cさんとのロールプレイ：アジェンダ設定　94
Dさんとのロールプレイ：アジェンダ設定　99
Eさんとのロールプレイ：アジェンダ設定　102

●基本スキル4．認知再構成法（狭義の認知療法）　107
「認知療法＝認知再構成法」という誤解　107
認知再構成法の手順　109
認知再構成法の実施例　110
認知再構成法の導入のポイント　112
カウンセラー自身が認知再構成法を活用する　114

●基本スキル5．問題解決法　115
問題解決法の手順と実施例　115
問題解決法のポイント　119
認知再構成法と問題解決法の注意点　120

●基本スキル6．その他の認知行動技法　120
説明可能な技法を用いる　121

第4章　認知行動療法カウンセリングの実際──うつ病性障害 … 123

事例1の概要　123
事例1──認知行動療法開始時までの概要　123

事例1――認知行動療法の概要　124
　　事例1――認知行動療法の全体的な経過　125
　認知行動療法の導入期における課題　127
　　事例1――初回セッション：経過と現状を聴取する　128
　　事例1――認知行動療法に至る経緯と認知行動療法に対するYさんの要望　130
　　初回セッションにおけるホームワークの設定　131
　　ソクラテス式質問法を有効に活用する　135
　　対話を通じて気分や自動思考を同定・評価してもらう　138
　　外在化したうえで悪循環を共有する　138
　　自己観察課題を具体化する　140
　　カウンセリングにおける目標を具体化する　143
　　事例1――目標の具体化のプロセス　144
　認知行動療法の実践期における課題　147
　　事例1――実践期における技法とセッションの構造　148
　　事例1――認知再構成法の実施　149
　　事例1――問題解決法の実施　151
　　クライアント自身が主体的な問題解決者となる　153
　　事例1――問題解決法における対話の例　154
　認知行動療法の仕上げ期における課題　156
　　事例1――仕上げ期　157
　　終結後の自己治療について計画を立てる　158
　　「読書療法」について　159
　　事例1――仕上げ期における対話の例　159
　フォローアップについて　160

第5章　認知行動療法カウンセリングの実際――パニック障害　…163

　パニック障害の治療――認知行動療法が第一選択　163
　　パニック障害の認知行動療法における7段階　164
　　パニック障害の認知行動療法で実際に行われること　165
　　パニック障害の認知行動療法のセッション数　166

事例2の概要　166
        事例2——認知行動療法開始時までの概要　166
        事例2——認知行動療法の概要　168
    事例2の導入期　169
        事例2——初回セッション　169
        事例2——アセスメントのためのヒアリング　170
    パニック障害とその治療についての心理教育　172
        パニック発作について説明する　172
        パニック障害について説明する　174
        パニック障害に対する認知行動療法について説明する　175
        心理教育を通じてモチベーションを上げていく　178
    事例2の実践期　180
        事例2——実践期：認知再構成法　180
        事例2——実践期：実験計画とその検証　181
        事例2——実践期：リラクセーション法　182
        「実験」がポイント　184
    事例2の仕上げ期とフォローアップ　185

第6章　まとめの作業 …………………………………… 187
    認知行動療法＝協同的な問題解決のプロセス　187

アセスメントシート　194
参考文献　195
索引　196

第1章　認知行動療法の基本モデル

本ワークショップの目的と流れ

　今日は認知行動療法の初級ワークショップということで，1日進めていきます。ワークショップですので実習も交えて，事例も紹介しながら，なるべく具体的で実践的な技法を身につけていただこうと思っています。

　ご存じのように認知行動療法は，モデルは簡単です。理論的なことのほとんどは本を読めばおわかりになると思うのですが，本で読んだことと，実際に目の前の患者やクライアントにどう生かすかということとの間に，すごく溝があるというか，生かすのが大変だと思うのです。特に初心者の方は，その辺でとても苦労しているようです。ですからこのワークショップでは，認知行動療法におけるクライアントとの関係づくりとか，セッションの構造化とか，つまり特定の技法を適用する前段階について重点的にお伝えします。ところで認知行動療法という名称は長いので，これからCBT（cognitive behavior therapyの略）という言い方をします。

　今日のプログラム（表1-1）として，先ほど申しましたように，基本中の基本だけれども普通のテキストにはなかなか書かれていないということをご紹介していきます。まずCBTの基本モデルをご紹介します。次がCBTの基本原則についてです。3つ目が今日のメインです。CBTの基本スキルと

表 1-1. 本日のプログラム

1. 認知行動療法の基本モデル
2. 認知行動療法の基本原則
3. 認知行動療法の基本スキル
4. 認知行動療法カウンセリングの実際：事例検討
    4-1　うつ病性障害
    4-2　パニック障害
5. まとめの作業

いうことで，コミュニケーションスキルなどをロールプレイなども交えて習得していただきます。4つ目が事例紹介です。事例はすべてを詳しく紹介するのではなく，特に今日ご紹介する基本スキルに沿った部分を重点的に提示します。CBTの効果がエビデンスとして示されているうつ病とパニック障害についてのシンプルな事例をご紹介します。そして最後にまとめの作業をします。

講師の自己紹介

簡単に自己紹介いたしますが，私は大学ではもともと基礎心理学，特に認知心理学を勉強しました。大学院で臨床心理学に移りましたので，もともと臨床どっぷりではありません。臨床歴としてはまず精神科のクリニックで個人療法をやり，それから精神科のデイケアの運営に携わりました。精神科の個人療法ではCBTを主にやっておりました。今日も企業にお勤めの参加者がいらっしゃいますが，私はもともと産業精神保健に興味があり，CBTは社会人に非常に親和性が高いということもあって，一時期私も企業でEAP（employee assistance program：従業員支援プログラム）活動を行っていたこともあります。その会社を辞めた後，医療での個人臨床と企業に対するEAP的な活動の両方を実践する場が欲しいということで，今年の4月に開業しました。というわけで現在は，開業したオフィスでCBTに特化した個

表 1-2. 自己紹介のアジェンダ

1. お名前，ご所属，資格など
2. 当ワークショップへの参加動機
3. 専門領域における現在のテーマ
4. 「私のストレスコーピング」

人臨床や家族臨床をやりながら，こちらから企業に出向いて予防的なコンサルテーションとかセミナーをやっております。

現在の私のテーマのひとつは，基礎領域と臨床実践の統合を図るということで，先日の学会でもそのような発表をしてきました。また今日これからご紹介していきますが，CBTで非常に重要なのが面接での対話です。CBTにおける効果的な対話のあり方を見つけたい，というのが私のテーマです。それから，CBTのための効果的なツールを開発するというのもテーマです。さらに個人臨床だけでなく，特に企業や地域，教育現場など，そういった領域での予防活動にCBTを活用したい。ストレスコーピングというのを機関名にしているとおり，CBTの活用領域を広げるということに興味を持っています。

このワークショップにご参加いただく方には，自己紹介のときにご自分のストレスコーピングについてお話しいただきます。ということで，まず私のストレスコーピングをご紹介すると，「エアロビクスのレッスンですべてを忘れる」「馬鹿な映画，小説，漫画に浸って，すべてを忘れる」「温泉につかってすべてを忘れる」ということになります。たまに自分のストレスコーピングを一覧表にすると面白いです。企業でのストレスマネジメント研修などでやってもらうことがありますが，一覧表にしてみると今の自分がどういう状態なのか，というのがわかるときがあります。どうやら私は今，何かを忘れたいようです。こんなふうに，これから皆さんに自己紹介をしていただきます（表1-2）。

「アジェンダ」とは

　さて表1-2に「アジェンダ」という言葉が出てきました。これはCBTの基本タームです。そのセッションで何の話をするか，ということです。会議のアジェンダという場合は，その会議で話し合う議題ということになります。自己紹介のアジェンダであれば，自己紹介でどういう項目について話してもらいたいのか，ということになるわけです。皆さんの中には自己紹介が苦手な方と，特に苦にならない方がいらっしゃるかと思いますが，自己紹介が苦手な方は，アジェンダがあると，気が楽だと思います。CBTにおけるアジェンダの扱いについては，後でたくさん説明します。それではこれらの項目をアジェンダとして，自己紹介をお願いいたします。

　（自己紹介は略）

　はい，ありがとうございました。いつもワークショップでこんな感じで自己紹介をしていただいているのですが，やはりいろいろなバックグラウンドを持っている方が集まるということ自体が，非常に貴重な機会だと思います。ところでストレスコーピングについては，私が運営している機関のホームページには，スタッフ全員のストレスコーピングを公開しています。それをクライアントが見ると，「何だ，専門家といっても大したストレスコーピングを持っていないのね」と，すごくホッとするらしいです。他人のストレスコーピングを聞くと，「ちょっとしたことでいいんだな。特別なことをしなくてもいいんだ」ということがわかる，ということなのだと思います。

　では早速本題に入ります。CBTの基本モデルについてですが，その前に，CBTのこれまでの流れを，簡単に見ておきます（図1-1）。

認知行動療法の起源

　CBTの起源は2つあります。ひとつは精神分析からの流れです。精神分

1960年代〜	①精神分析的心理療法…主観的体験（認知）を解釈せずに，そのまま扱うことの有効性に気づく ②行動療法…学習理論におけるS-R理論から，S-O-R理論への展開
	⬇
	認知療法（アーロン・ベック），論理情動行動療法（アルバート・エリス），ストレス免疫訓練（ドナルド・マイケンバウム），マルチモード療法（アーノルド・ラザルス）
1990年代〜	認知行動療法（CBT）として統合の動きと実証的効果研究が盛んになる 医療だけでなく，産業，教育など適用領域が広がる

図1-1．認知行動療法の経緯と現状

析とCBTは全く違うものだというイメージを持つ人がいるのですが，実はそんなことはなく，CBTの起源のひとつは，間違いなく精神分析的な心理療法です。皆さんご存じのアメリカのアーロン・ベック先生は，精神分析からトレーニングを始めて，そこから認知療法を構築したのです。ここでいう認知というのは考え（思考）だけではありません。イメージも含めてその人の主観的な体験そのものを認知であると考えます。精神分析では，その主観的な体験を解釈するのですが，ベック先生は，その主観的体験を「認知」として，解釈せずにそのまま臨床的に扱えることに気づいたのです。それが大体1960年代です。

　もうひとつの起源が，学習理論に基づく行動療法からの流れです。もともと学習理論は刺激―反応理論（S-R理論）でした。ところが人間だけではなく，たとえばハトの実験をしても，ハトがある目的イメージを持ってある空間内を動いているといった，刺激と反応の間に有機体（organization）を想定せざるをえないようなデータが出てきて，刺激と反応の間に認知という機能を想定するようになりました。それがS-O-R理論です。このような学習理論の変化に対応して行動療法から発展した認知行動療法という流れがありました。

CBTの第一世代の主要な人物を挙げますと，認知療法のアーロン・ベック，論理情動行動療法のアルバート・エリス，ストレス免疫訓練のドナルド・マイケンバウム，マルチモード療法のアーノルド・ラザルスが挙げられると思います。これらの先生がCBTの大御所と言えます。

認知行動療法の現状

　精神分析から発展したベックの認知療法と，行動療法から発展した認知行動療法は，別の流れで発展してきたのですが，大体1990年代くらいから，これらを認知行動療法と総称し，大きな治療パッケージとして統合しようとする動きが盛んになりました。今年の7月に神戸でWCBCT（世界行動療法認知療法会議）という国際学会があったのですが，この会議自体が，行動療法と認知療法の統合の動きを示しているのです。

　さらに現在の傾向としては，今「エビデンス」ということが盛んに言われるようになり，CBTの治療効果を実証的に示そうということが積極的に行われています。また，CBT，特にベックの認知療法は，もともと医療領域におけるうつ病の治療法として発展してきたのですが，最近は教育や産業などさまざまな領域において適用しようとする動きがあります。

認知行動療法の基礎理論

　次にCBTの基礎理論についても，少しまとめておきます。CBTでは実証的な基礎理論を重視します。基礎理論と臨床実践をしっかり相互作用させ，そのうえでさらにエビデンスを提示するという非常に実証的な視点を持っています。どのような理論が関わっているかを簡単にまとめました（表1-3）。

　CBTに関連する実証的な心理学として特に重要なのは，認知心理学と社会心理学です。ここに発達心理学なども関わってくると思いますが，まずは認知心理学と社会心理学がその柱です。それから当然CBTは治療理論，治

表 1-3. 認知療法・認知行動療法の基礎理論

- 実証的心理学
    - → 認知心理学・社会心理学…個人内相互作用・社会的相互作用
- 臨床心理学，精神医学
    - → 異常心理学，精神病理学，精神科診断学…症状や問題
    - → 治療法とその効果研究…治療法・援助法
- ストレス科学
    - → 生物・心理・社会モデル…ストレスマネジメント，メンタルヘルス

療法ですので，異常心理学や精神病理学，精神科診断学などが関わってきます。さらに CBT はストレス科学との親和性も高いです。「ストレス科学」というジャーナルの最新号でも，健常者に対するストレスマネジメント教育の一環として，CBT のアプローチが盛んに使われるようになってきているというデータが示されていました。以上が基礎理論についての簡単なまとめです。

認知行動療法の基本モデル

　それでは話を進めて，CBT の基本モデルに入ります（図 1-2）。
　この基本モデルが，今日のワークショップの柱であると思ってください。このモデルは CBT のいろいろなテキストにも載っています。それではこのモデルについて説明します。まず必ず押さえていただきたいのが，認知や行動に注目する前に，その人がどういう環境に置かれているのか，どういう状況にいるのか，他の人とどのように関わっているのか，といったことを必ず考えるということです。重要なのは，まず「個人と環境がどのように相互作用しているか」「その人の社会的な相互作用はどうなっているか」ということを押さえたうえで初めて，その人自身の認知，行動，気分や感情，身体的な反応を見ていくのです。つまりインタラクション（相互作用）を二重に見ていただきたいのです。ひとつは，今申し上げた個人と環境との相互作用，

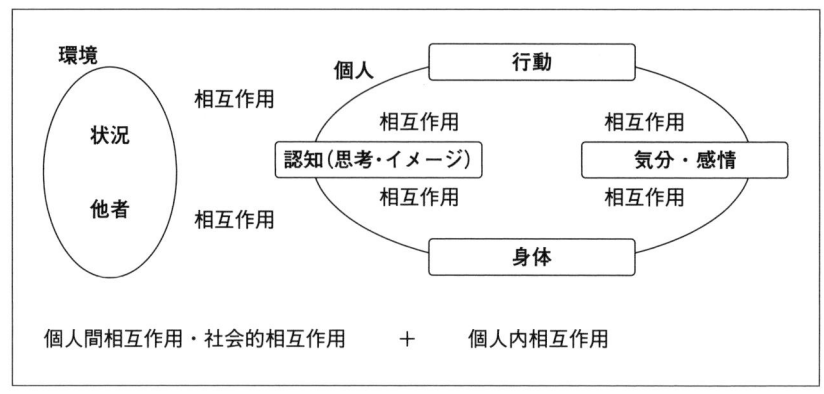

図 1-2. 認知行動療法の基本モデル

すなわち個人間の，あるいは社会的な相互作用を見るのです。そしてもうひとつが，個人の中に起きていることを，個人内相互作用として見るのです。こちらは，認知，行動，気分・感情，それから身体反応，この4領域の相互作用を見ます。このように相互作用を二重に見ていくというのが，CBTのモデルの基本です。

基本モデルに沿って体験を理解する

人間の体験をとにかく徹底的にこのモデルでとらえていくというのがCBTの基本です。このモデルについては，理論的に考えようとするのではなく，「実際に，どうなっているんだろう」というように具体的，現実的に考えていくところがポイントです。とにかくすべての体験や現象を，この基本モデルに沿って把握します。その際，はじめはクライアントや患者や誰か他の人の体験ではなく，自分の体験を考えてみてください。CBTのカウンセラーには，まずは自分の体験を常にこの基本モデルに沿って考えていただきたいのです。

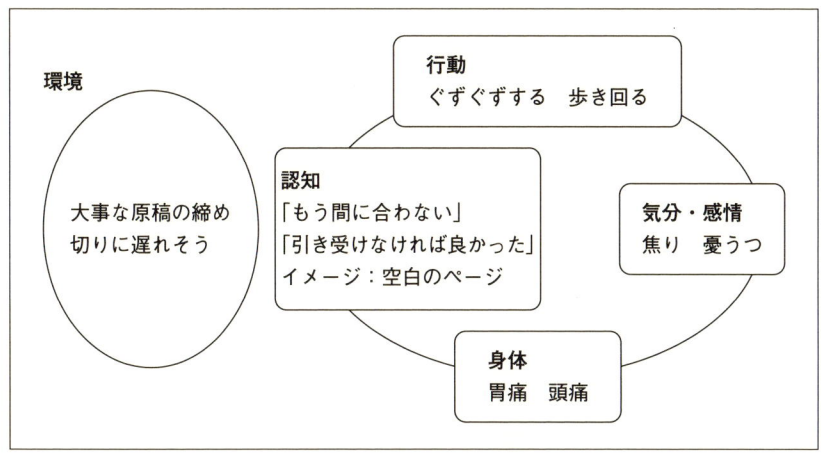

図1-3. 基本モデルの例

基本モデルの具体例(1)

具体例を挙げます。非常にちっぽけな私自身の体験ですが、よくあることです（図1-3）。

環境（状況）としては、「大事な原稿の締め切りに遅れそう」というものです。それに対してどういう反応が生じるかというと、まず気分は焦ってきて、憂うつになります。身体の反応は、これは体質など個人差があると思いますが、私の場合は必ず胃が痛くなって、頭痛がしてきます。行動としては、本当なら原稿を書けばいいのに、ぐずぐずするとか、歩き回るとか、落ち着きがなくなってきます。そして認知、すなわち頭の中にどういう現象が起きるかというと、「もう間に合わない」とか「引き受けなければ良かった」といった考えが浮かんできます。そして認知的現象としてはイメージも重要ですが、このようなときのお決まりのイメージがあって、それは自分の担当するページが真っ白になってしまっているというものです。そしてそれらが相互作用して、やればいいのにやらないでこんな反応を起こしているから、それが「原稿が遅れそう」という状況に、また跳ね返ってしまうという悪循環が起きるのです。こんな感じで、自分の体験を基本モデルに沿って考えてい

ただきます。

基本モデルの具体例(2)

　あと2つ，実際の事例から具体例をご紹介します。これはある男子大学生の体験です（図1-4）。

　彼はある日，恋人とデートをしました。デートが終わってふたりとも家に帰りましょうというところで，「じゃあね」と別れたときに，彼からすると，そのときの彼女の態度がよそよそしかったというのです。この「よそよそしかった」というのは厳密には，彼の「認知」になりますが，彼にとってはそのような「状況」であったということで，今はあまり気にせずに，「デートの別れ際，彼女の態度がよそよそしかった」と，状況欄に記入しておきます。ではそれに対する彼の反応を見てみます。気分的にはとても不安になって，悲しくなってしまったとのことでした。身体反応としては，涙が出てきました。行動としては，「思い出す」，すなわち「恋人の言動をひとつひとつ想起する」ということでした。この「想起する」というのは「認知」とも言えますし，「行為」すなわちビヘイビア（behavior）とも言えます。想起された内容は認知ですが，やはりこの時点では，あまり分類に厳密になる必要はありません。身体反応の「涙が出る」も，「泣く」というように行動欄に記入してもよいわけです。とにかくこのとき彼は，行動として，彼女が「じゃあね」と言ったときの，その「じゃあね」という声を思い出してみたり，彼女が語った言葉を思い出そうとしてみたり，彼女の表情を思い出そうとしてみたり，自らいろいろと想起したのです。では認知的反応はどうだったかというと，「嫌われてしまったかも」「もうじき，ふられてしまう」といった考えが浮かんでいたそうです。そして実際に恋人の顔や声がイメージとして浮かんでいたのだそうです。

　さてこの彼は，上記の例からもわかるように，こういった体験ひとつひとつに対してウジウジと悩んでしまい，うつっぽさが続いている，ということでカウンセリングに来ました。そして彼女のほうはといえば，どうやらさっ

第1章　認知行動療法の基本モデル　11

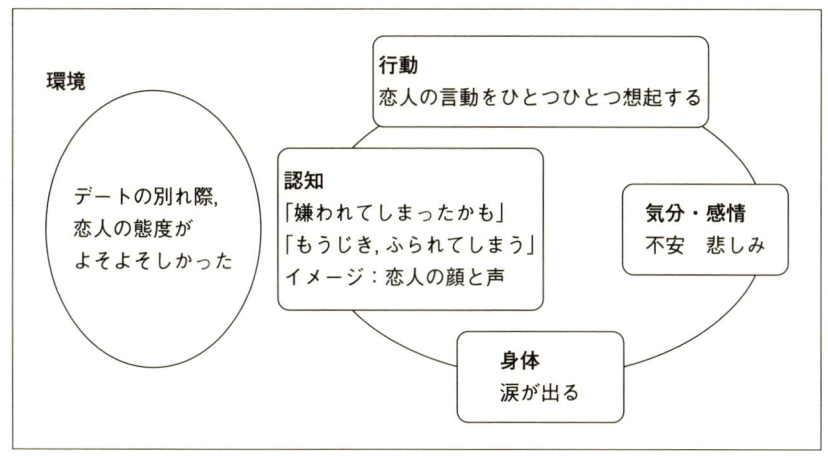

図1-4. 基本モデルの例

ぱりした女の子らしいのです。毎回のデートの別れ際に，彼女はいつも「じゃあね」とさっぱりと手を振って帰っていき，彼はそれに対して毎回このような反応を起こしているのです。でも実際には，彼はふられることはありませんでした。ふられないのだけれども，デートの後にはいつも，彼女がさっぱりと「じゃあね」と言ったことに対して，彼の中ではこのような悪循環が起きていたわけです。そしてこのような悪循環にいつまでもとらわれてウジウジしてしまう，というのが主訴だったのです。

基本モデルの具体例(3)
　もうひとつの例は，ある摂食障害の女の子の体験です（図1-5）。
　環境（状況）としては，「体重計に乗ったらありえない数字が出た」というものでした。先ほどの例と通じますが，この「ありえない」というのも，もちろんこの「彼女にとって」ということです。ですから厳密に言えば「認知」ですが，今は体験を基本モデルに基づいて全体的に把握することが目的ですから，あまりこだわりません。このような状況に対する彼女の反応は，まず気分的には，大きなショックを受け，パニックを起こしました。身体的

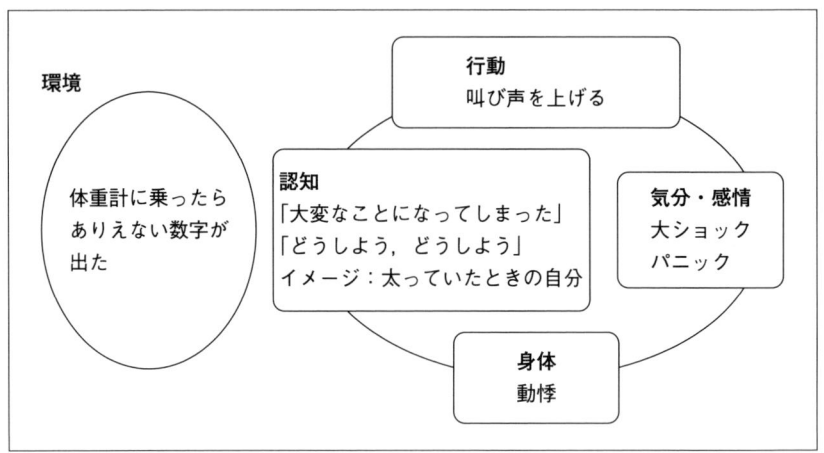

図1-5. 基本モデルの例

には，動悸が起きて，胸がドキドキしてきます。行動的には，パニックによって叫び声を上げます。そして認知的には，「大変なことになってしまった」「どうしよう，どうしよう」という考えが生じます。彼女は以前太っていたことがあり，その後ダイエットして痩せたとのことでした。そのダイエットがひとつのきっかけとなって，拒食と過食を繰り返していたわけですが，とにかく「太っていた頃の自分に戻りたくない」という思いが強くあって，少しでも体重が増加すると，「太っていたときの自分」がイメージされて，大変なショックを受けるのです。ですからこの「太っていたときの自分」のイメージも，認知的反応として理解します。

基本モデルの具体例：事例1のYさん

このように，できるだけ具体的で小さな体験を，CBTの基本モデルに当てはめて理解する，というのがまず基本です。もうひとつ，今日これから具体的にご紹介していく事例なのですが，Yさんというクライアントについて，CBTの基本モデルを適用してこのように理解してみた，というのをちょっとご紹介しておきます。

第1章　認知行動療法の基本モデル　13

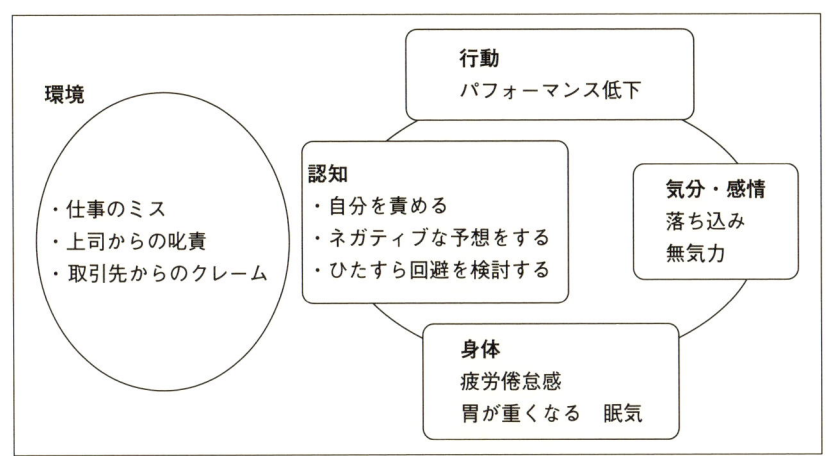

図 1-6. 基本モデルの例（Y さん）

　Y さんは 30 代の男性の会社員で，営業の仕事をしていましたが，「うつ」を主訴として来談しました。今から紹介するのは，1 つの体験というよりは，彼がいつも体験していることをヒアリングしたうえで，それらを 1 つの図にまとめてみたものです（図 1-6）。
　悪循環にはまりやすい状況や他者との関係はいくつかあります。仕事でミスをするとか，上司から叱責されるとか，取引先からクレームを受けるといったことです。そういう状況に対して，Y さんがどういう反応パターンを示していたかというと，まず気分的にはいつも落ち込みます。ミスをしても落ち込む，上司に叱られてまた落ち込む，クレームを受ければ落ち込む，これからクレームを受けそうだというときにも落ち込む。そして無気力な感じになるのです。身体の反応もいつも同じで，疲労倦怠感をひどく感じ，胃が重たくなって，眠くなる。行動としては，業務上やるべきことができなくなる。ここでは「パフォーマンス低下」とまとめましたが，たとえば，これから行く予定の取引先からクレームを受けそうだということを予測すると，落ち込んでしまって行けなくなってしまうといったように，やるべき仕事ができなくなってしまうのです。認知的には，自分を責めるとか，ネガティブな予想

ばかりしてしまうとか，ひたすら回避を検討するといったパターンが見られました。ですから取引先からのクレームを受けそうだという状況に対して，そういう状況を引き起こした自分を責め，クレームについてネガティブに予想し，「何とか行かずに済ませられないか」とあれやこれやと回避することを検討し，実際に取引先に行かないのです。その間，気分はずっと落ち込み，疲れて重たい身体の感じが続くのです。そして取引先に行かないことによって，さらに上司に叱られ，さらに取引先との関係が悪化するのです。そのことによって，さらに具合が悪くなり，そういう自分をさらに責めるのです。

小さな体験を基本モデルに沿って考えてみる

このように，この基本モデルを用いると，その人の体験している悪循環がよくわかります。モデルに慣れるためには，まずは自分の体験を基本モデルに沿って考えてみることが一番ですので，やってみていただきたいと思います。できるだけ小さな体験がいいです。それでは，どなたか発表していただけますか？

参加者1：つい最近のことなんですが，環境としては，私が友だちを誘ってお芝居を見に行ったときのことになります。そのお芝居をすごく楽しみにして行ったのに，すごくつまらなくて，「いつ面白くなるんだろう？」と思いながら見ているんですが，いっこうに面白くならない，というのが環境です。次に気分を話せばいいですか？

伊藤：どこでもいいです。話しやすいところからで。

参加者1：気分としては，落ち込むまではいきませんが，何かブルーになってしまって，それに，ちょっとイライラしているというのもありました。そのときの認知としては，友だちに対して，「申し訳ない，ごめんね」というのと，お芝居をやっている側の人たちに対して，「もっと面白いことをやってよ」という考えがありました。行動は，そのお芝居をやっている人たちに対しての文句をぐるぐる考えたりして，集中していませんでした。身体の反応は，そんなになかったんですけれども，やっぱり胃のあたりというかお腹のあたりが，ワサワ

サと，ちょっと不快な感じでした。

参加者2：これは昨日の話なんですが，子どもが今日の休日に，僕と遊ぶのを楽しみにしていたんです。僕はこのワークショップに勉強に行くということを子どもに言えず，「明日は仕事があるんだ」と言ったら，子どもがえらく泣いて騒いで，「行くな，行くな」と。今，ちょうど下にもう1人生まれたところで，この上の子は，非常に不安定になっているものですから，ギャンギャン泣いて，僕は仕事だと言って嘘をついているし，もう，このワークショップをキャンセルしちゃおうかな，と悩んだんですね。

伊藤：とすると，「キャンセルしちゃおうかな」というのが認知ですね。

参加者2：そうです，認知です。そして別の認知として，「子どもを傷つけちゃいけないなあ」という考えもありました。気分としては，結構ブルーになって，気弱になってくるんですね。行動はですね，昨日は家で仕事をしていて，いろいろと仕事をしたかったのですが，明らかにパフォーマンスが低下しまして，仕事を少しだけして，あとは昼寝をしてしまいました。身体の反応はあまりありませんでした。そういう感じで，相互作用が起きていました。

伊藤：昼寝をして，よく眠れましたか？

参加者2：よく眠れました。

伊藤：それを身体反応に入れることもできますね。

参加者3：友だちからメールの返事が来ない。私が友だちにメールで質問したのに，返事が来なくて，待てど暮らせど1週間たっても返ってこない，というのが状況です。気分は，やっぱり悲しいのと不安で。身体的には，ちょっと泣きそうになる感じです。行動は，ぐずぐずして，布団の上でごろごろしてみたりして，何もやる気が出ない感じです。

伊藤：やる気が出ない感じというのは，「やる気が出ない」という考えですか？　それとも気分的なものですか？

参加者3：ああー，気分に近いですね。

伊藤：気分的に，やる気が出ない感じがする。

参加者3：はい。認知は，「私が何か悪いことを言っちゃったのかな」とか，「何か嫌われているのかな」というものでした。

ありがとうございました。このように，今皆さんが自分の体験について，状況のところから話を始めてくださったように，「どういう状況に対して，自分がどういう反応を起こしているのか」と，状況と自分との相互作用をまず見て，それから自分の体験の中の相互作用を見るというふうに，自分の体験を理解していただきたいのです。具体例をお聞きになって，「こんなふうに理解すればいいんだ」と，おわかりいただけたでしょうか？

モデルを適用する際の個人差

同じモデルに基づいて自分の体験を理解するといっても，その理解の仕方には個人差があります。たとえば身体の反応を先に把握しやすい人がいます。心身症の人などは，特にそうです。最初のうちは，身体的反応ばかりを報告する場合が多いです。また，とにかく「悲しい」「不安だ」といった気分や感情ばかりを訴える人もいますし，自分の主訴を行動の問題として語る人もいます。たとえば最近でも，「ギャンブルが止められない」という主訴の人に会いました。「マイナス思考にはまってしまう」というように認知を主訴とする人もいます。さらに自分の問題ではなく，環境，状況，他人の問題として語る人もいます。たとえば，家庭の問題を訴えて「親を許せない」と言う人もいれば，「職場に嫌な上司がいる」という状況を訴える人もいます。

つまり最初からクライアントが，相互作用そのものを主訴として語るということは，まずないわけです。ですからクライアントが主訴として出してくれた話をだんだん広げていって，一緒に相互作用を把握していけばよいのです。今日はこれからあと2つ，モデルを紹介しますが，まずはこの基本モデルがCBTの基本中の基本で，これから紹介する2つのモデルは，その応用編だとお考えください。今日は初級のワークショップですから，2つのモデルについては大雑把に紹介します。

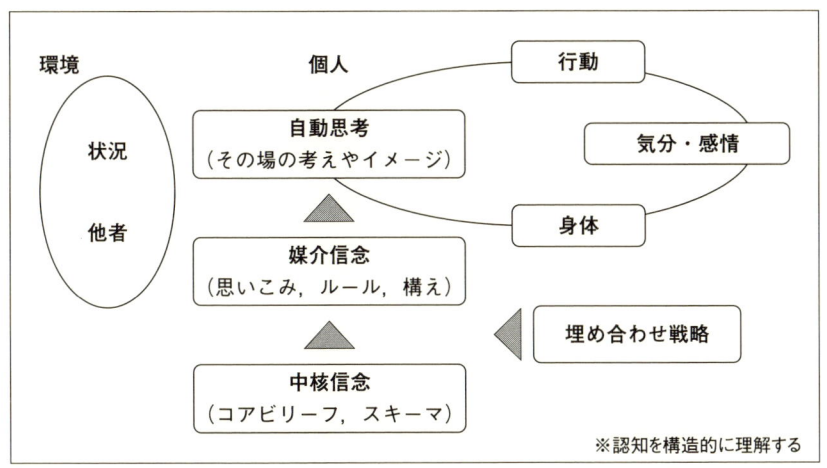

図 1-7. 階層的認知のモデル

階層的な認知のモデル——自動思考

　この 2 番目のモデル（図 1-7）は，認知を階層的に表現したものです。ある特定の場面において，せりふのような形で出てくる瞬間的な考えや，映像のようにパッと出てくる瞬間的なイメージを自動思考（automatic thought）といいます。認知を階層的にとらえるときには，まず，その場面その場面で生じる自動思考を押さえます。先ほど，「自分の体験を基本モデルに沿ってご理解ください」と申し上げましたが，特にこの自動思考をキャッチできるようになるというのが CBT のカウンセラーとしては非常に重要です。

　自動思考について，少し補足しておきます。先ほどご紹介した，たとえば原稿が遅れているときの「もう間に合わない」という考えや，空白のページというイメージも自動思考ですが，自動思考は別にネガティブなものとは限りません。私たちの頭には，朝から晩まで起きている間中ずっと，無数の自動思考が浮かび続けています。それらの自動思考に気づけるようになる，というのがまず重要です。自分の自動思考にすぐに気づくようになると，今度

は自分の自動思考に即座にツッコミを入れたくなったりして，それだけでも結構面白いものです．

自動思考の例

1つ，小さな例を挙げます．私はいつもオフィス近くの東急大井町線の北千束という駅を利用しているのですが，下車してすぐに階段を下りられるように，ある決まった車両の決まった場所に乗るようにしています．この大井町線が結構乱暴で，北千束駅に着いて，ドアが開いて数秒も経たないうちに，発車ベルが鳴るという具合なのです．つまり，私が下車して，階段を下り始めたときにはベルが鳴っている．すると，大体そのときに，その電車に乗ろうとして階段を駆け上がってくる人たちがいます．その駆け上がっている人が，階段の上のほうまで来ているときは，私は心の中で，「この人はまだ間に合うわ」と言ってみたり，「頑張れ頑張れ」と声をかけたりしているのです．心の中のこのようなせりふが自動思考です．そして，ベルが鳴っているのに，まだ階段の下のほうで駆けている人がいる場合は，「あーあ，もう間に合わないのにな」「無駄に駆けちゃって，かわいそうになあ」「疲れちゃうだけで，もったいないな」などと，心の中で言っているのです．自動思考とはこういうものです．要するに，その場面その場面で，何かについて，あるいは自分自身について，あるいは誰かについて出てくる考えやイメージ，それらを総称して自動思考と呼んでいるのです．パッと浮かんでくる，心のせりふのようなものです．

深いレベルの認知

このような自動思考をクライアント自身にキャッチしてもらえるようになるためには，カウンセラー側が，「自分の自動思考を常にキャッチできるようになっておく」ということが非常に重要です．そしてこの2番目のモデルでは，その自動思考より深いところに，「媒介信念」「思い込み」といった認

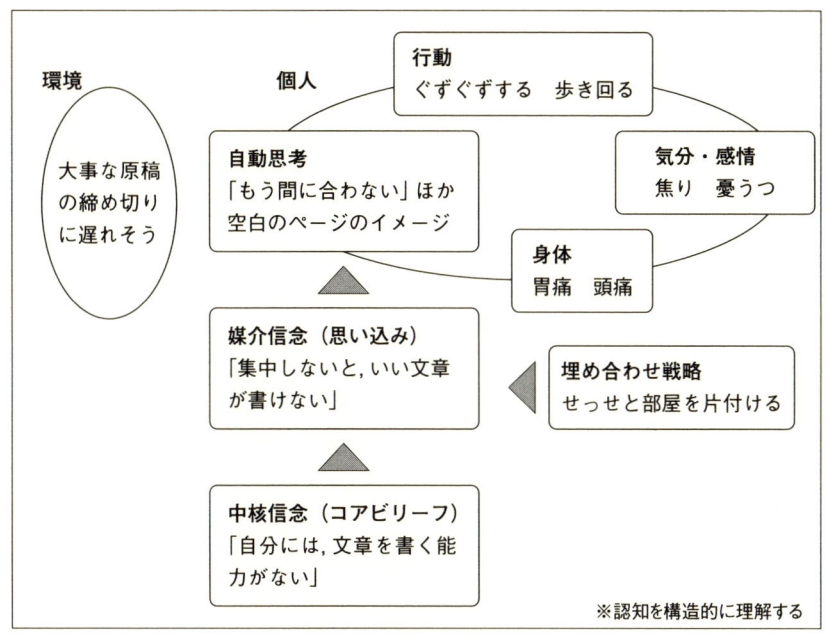

図 1-8. 階層的認知の例

知を，そしてさらにもっと深いところに，「コアビリーフ」「スキーマ」「中核信念」といわれる認知を想定しています。これらの深いレベルにある認知は，その人の価値観のようなものを表しています。あるいは，その人の個々の体験にいつも現れるパターンのようなものと思っていただいてもよいかもしれません。このように認知を階層的に，そして構造的にとらえる場合があります。それに付随して，埋め合わせ戦略といったことも想定する場合があります。

階層的な認知の具体例(1)

　例を通して，具体的に説明しましょう。先ほどご紹介した，原稿が書けないという私の体験です（図1-8）。

　私はある特定の場面において，カレンダーを見つめ，締め切りまであと何

日あるか数えたりします。そして「もう間に合わない」と考え，空白のページのイメージが頭をよぎります。これらが自動思考です。その奥に何があるか考えてみると，「集中しないと，いい文章が書けない」という思い込みが私の中にあるようなのです。そして集中して書くための時間がないと決めつけたために，「間に合わない」という自動思考が生じるようなのです。さらにその思い込みの奥に何があるかということを考えてみると，どうやら「自分には文章を書く能力がない」という強い信念があるようなのです。書く能力がある人であれば，さほど集中できない状況でも，あるいはさほど時間がなくても書けるはずで，結局自分にはそういう能力がないから書けないと思い込んでいる。能力がないからせめて集中しなければならないと思い込んでいる。そして集中する状況にないと決めつけることで，「もう間に合わない」と考え，悪循環が発生しているわけです。これは仮説にすぎませんが，私自身は，この仮説が自分の体験にぴったりと合うように思えます。このように自動思考の背後に，媒介信念や中核信念といったものを仮説として想定して，CBTで扱う場合があるのです。

埋め合わせ戦略

そしてそこにさらに，「埋め合わせ戦略」というのを想定することもあります。これはネガティブな媒介信念や中核信念が表面化してしまうと，本人にとってつらいので，それを防ぐためにその人が取っている戦略，と考えていただければよいかと思います。埋め合わせ戦略には，行動的なものと認知的なものがあります。自動思考と相互作用する認知や行動との違いについては，さほど神経質になる必要はありません。さまざまな場面に共通してみられる，戦略的な認知や行動のパターンが，その人の埋め合わせ戦略であると考えてもよいでしょう。

階層的な認知の具体例(2)

階層的な認知のモデルについてもう1つ例を挙げます。先ほどご紹介した，

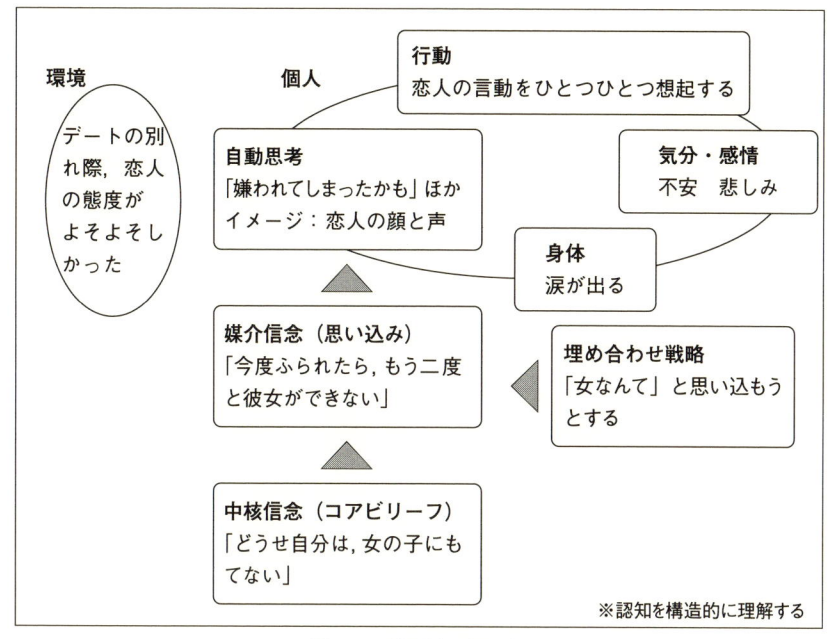

図1-9. 階層的認知の例

　デートの別れ際の彼女の態度に対し,「嫌われてしまったかも」との自動思考を抱いた男の子の話です（図1-9）。

　実は彼は,彼女のさまざまな言動に対し,それらをネガティブにとらえ,「彼女に嫌われてしまったのでは」「どうせ,もうじきふられるんだ」といった自動思考が生じるということを,しょっちゅう体験していました。彼の媒介信念は,「今度ふられたら,自分にはもう二度と彼女ができないだろう」というもので,中核信念は,「どうせ自分は女の子にもてない」というものでした。これらの信念も「仮説」として彼と検討し,「確かに自分には,こういう思い込みがある」と彼も認めていました。そして埋め合わせ戦略も非常にパターン化されていたのですが,彼は彼女の言動によってさんざん落ち込んだ後,必ず「女なんて！」と思い込もうと自分に言い聞かせて,「二度と彼女ができない」「自分は女の子にもてない」という信念から自分を救おう

としていました。これはかなり認知的な戦略といえます。

　階層的に認知をとらえるこのモデルは，CBTでいつも用いるわけではなく，必要に応じて使うときがあるという程度です。さまざまな場面の自動思考や行動を抽出していってあるパターンが見出された場合，今ご紹介したような信念や戦略を仮説として検討する場合もある，というふうにご理解ください。そして大事なのは，ある特定の場面で浮かぶ考えやイメージ，すなわち自動思考をきちんと把握できるようになることです。

　3つめのモデルをご紹介します（図1-10）。

ストレスモデルと認知行動療法

　これはストレスモデルとCBTの基本モデルを合体させて考えてみようというものです。最近メンタルヘルスについては「予防」ということが盛んに言われるようになっていますが，ストレスマネジメントがうまくいっているかということが，予防では重要です。その際CBT的な考えや技法を活用しようという動きが，最近活発になってきています。CBTを学ぶ人の多くは，私もそうですが，医師ではなく，セラピストだったりカウンセラーだったりするわけです。つまり症状を訴える人だけでなく，健康な人に対して予防的に関わることも多いかと思われますが，このような場合は，ストレスモデルとCBTのモデルをマッチングさせてクライアントに提示すると，よく理解してもらえます。そうすることでCBTの適用範囲を広く考えることができます。

　ストレスモデルの場合，ストレス状況（ストレッサー）とそれに対するストレス反応に分けてストレスを考えることになります。その際，その人の認知特性によって，何にストレスを感じるのか，どの程度ストレスを感じるのか，ということが変わってくることが，ストレス研究によって明らかにされています。つまりその人の物事の受け止め方が，ストレッサーに対する認識やストレス反応に影響を与えるのです。

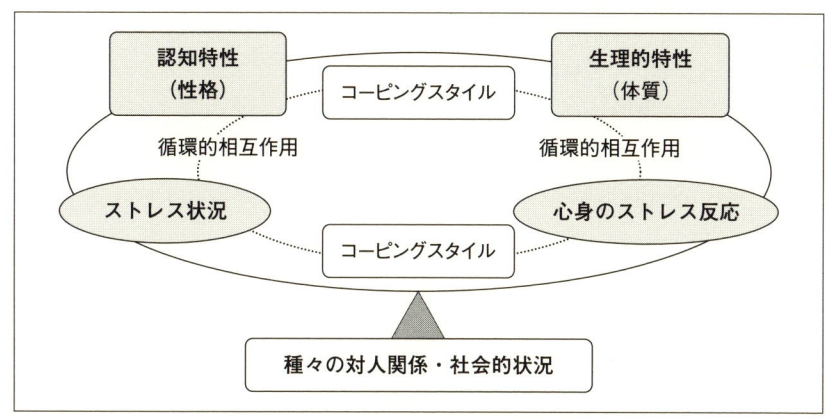

図1-10. ストレスモデルと認知行動療法

認知行動療法の基本モデルに沿って，ストレス反応を理解する

そしてストレス状況に対して，その人がどのようなストレス反応をどの程度起こすのか，ということについて，CBTの基本モデルを当てはめて考えることができます。つまりあるストレス状況に対して，認知的反応，行動的反応，気分的反応，身体的反応がどうであるか，またそれらの反応がどう相互作用しているのか，ということを把握するのです。同じストレス状況に対して，認知的な反応を示しやすい人もいれば，気分的反応を強く示す人もいますし，身体的反応が主体の人もいます。身体的反応といっても，頭痛なのか，胃に来るのか，下痢をしてしまうのか，動悸がするのか，血糖値が上がるのか，不眠になるのか，過眠になるのか，これはその人の持つ生理的特性，体質といってもよいと思いますが，それによっても大きく左右されます。

コーピングとソーシャルサポート

また，ストレスマネジメントで重要な概念に「コーピング」（対処）があります。人はそれぞれ，ストレス状況とストレス反応の両方に，その人らしく対処しようとします。そのコーピングの結果が，ストレス状況やストレス

反応にさらにフィードバックされるのです。つまりその人のコーピングスタイルによる影響が大きいわけです。この「コーピングスタイル」は，先ほど示した階層的なモデルにおける「埋め合わせ戦略」と似た概念であると考えてよいかもしれません。さらに最近のストレス研究では，ソーシャルサポートの重要性が指摘されています。ソーシャルサポート，すなわちその人の持つ対人関係や，その人をとりまく社会的状況が，その人のストレスのプロセス全体に影響を与えるのです。

　こうやって言葉で説明するとややこしい感じがしますが，要するにCBTの基本モデルと同様に，ストレスを説明するモデルも，相互作用的な循環図になるということです。現在のストレス科学では，「生物－心理－社会モデル」がスタンダードですが，CBTの基本モデルがそれら3つの要因を含み，それらの相互作用を重視していること，したがってCBTのモデルとストレスモデルの親和性が高く，ストレスマネジメントといった予防的視点からもCBTを活用できる可能性があるということが，おわかりいただけたかと思います。

認知系のコーピングと行動系のコーピングを明らかにする

　さて，このストレスモデルに沿ってみると，あと2つ，先ほど基本モデルに沿ってお考えいただいた自分の体験に，プラスして考えることができます。ひとつはコーピングです。先ほど考えていただいた体験に対して，皆さん，何らかの対処を試みたのではないかと思います。私たちは普通，ストレッサーに対してただ悪循環を起こしているだけではなく，それに対して何とかしようとするわけです。ですから，その場その場でどういうコーピングを試みたか，また自分のコーピングにはどのような特徴があるか，といったことも併せて考えていただきたいのです。

　またコーピングというと，「何かをする」という行動がイメージされやすいですが，実際には認知系のコーピングと行動系のコーピングがあります。認知系のコーピングとは，自分を悪循環から救うために，何らかの考えやイ

メージを意図的に持ってみる,ということになります。行動系のコーピングは,実際に何かアクションを起こす,あるいはあえて何もしない,といったことになります。先ほどの原稿が書けない私の,「せっせと片づけをする」というのは,行動系のコーピングですし,「彼女に嫌われてしまったかも」という彼の,「『女なんて』と思い込もうとする」というのは,認知系のコーピングということになります。

サポート資源を明らかにする

　もうひとつ,ストレスモデルに基づいて,基本モデルにプラスして考えていただきたいのは,「サポート資源」という項目です。他者との関係というのはストレッサーにもなりますが,サポートにもなりますから,自分の体験を基本モデルに沿って理解するときに,どのようなサポート資源があるのかも併せて考えてみていただきたいのです。その際,ストレスモデルではソーシャルサポートということでしたが,人や社会的関係だけでなく,サポートになることであれば何でも考えてみるとよいでしょう。たとえば過去のポジティブな記憶,趣味の活動,亡くなった人との思い出,将来の目標,ペット,薬など何でもよいのです。

　以上のコーピングとサポート資源は,あえてポジティブな面も最初から見ていこうという考えに基づいています。そしてここでもある項目がコーピングなのか,サポート資源なのか,という区別については,やはり厳密に考える必要はありません。たとえば自分のある状況や状態について,親しい友人の存在がサポート資源として考えられるとします。そしてそのつらい状態のときに,その友人のことを考えてみる,その友人に相談してみる,というのはコーピングになります。もうひとつ例を挙げると,「過去に自分がうまく対処できた体験を思い出す」というのはコーピングですが,ということは,「過去に対処できた体験」または「過去に対処できた自分」というのを,サポート資源として理解することもできるわけです。

アセスメントシート

アセスメントシート
自分の体験と状態を総合的に理解する

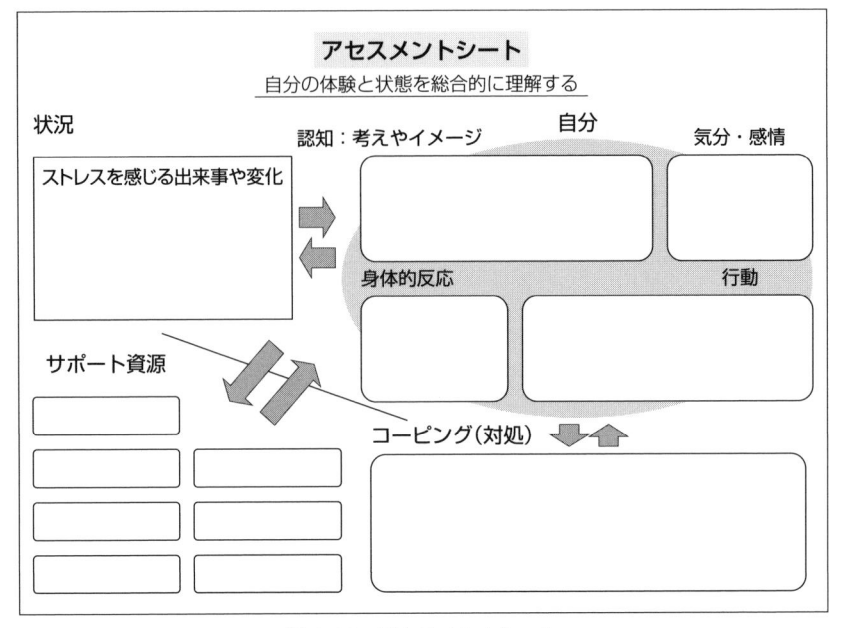

- 状況：ストレスを感じる出来事や変化
- 認知：考えやイメージ
- 自分
- 気分・感情
- 身体的反応
- 行動
- サポート資源
- コーピング（対処）

図1-11. アセスメントシート

アセスメントシート

それではここで，私たちがCBTの現場で実際に使っているツールをご紹介します。基本モデルに沿って全体像をアセスメントするためのツールです。「アセスメントシート」と呼んでいます（図1-11）。

このアセスメントシートは，すでに皆さんのお手元に配布しておりますので，それを取り出してください（巻末を参照）。そしてこれから，このシートに，先ほど基本モデルに沿って考えていただいた自分の体験と，コーピングやサポート資源を，記入していただきます。これは自分の体験を自分で理解するためのものですから，字がきれいとか汚いとか，そういうことは気にしないでください。

私たちは根が真面目ですから，こういうツールがあると，「きれいな字で

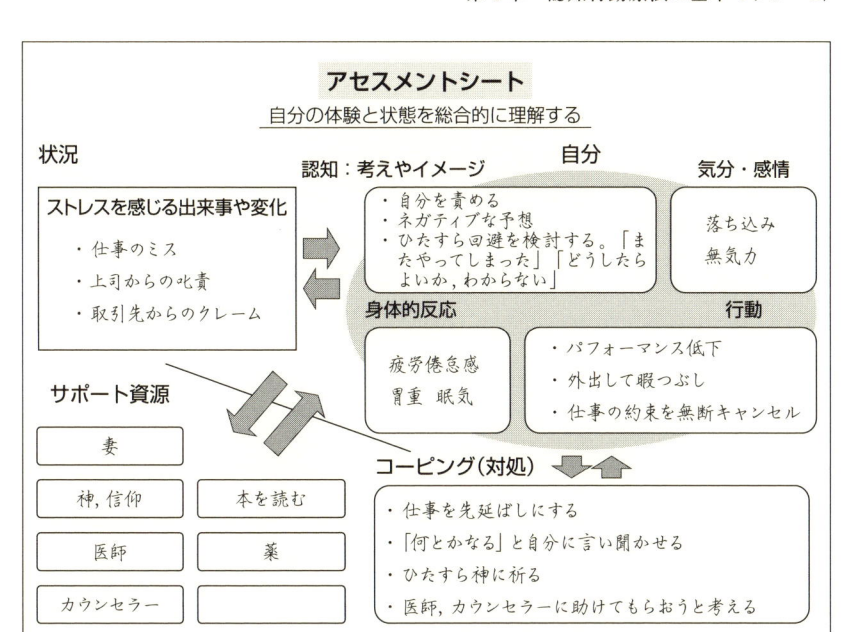

図1-12. アセスメントシートの記入例（Yさん）

アセスメントシート
自分の体験と状態を総合的に理解する

- 状況：ストレスを感じる出来事や変化
  - 仕事のミス
  - 上司からの叱責
  - 取引先からのクレーム

- 認知：考えやイメージ
  - 自分を責める
  - ネガティブな予想
  - ひたすら回避を検討する。「またやってしまった」「どうしたらよいか、わからない」

- 気分・感情
  - 落ち込み
  - 無気力

- 身体的反応
  - 疲労倦怠感
  - 胃重 眠気

- 行動
  - パフォーマンス低下
  - 外出して暇つぶし
  - 仕事の約束を無断キャンセル

- サポート資源
  - 妻
  - 神,信仰
  - 医師
  - カウンセラー
  - 本を読む
  - 薬

- コーピング（対処）
  - 仕事を先延ばしにする
  - 「何とかなる」と自分に言い聞かせる
  - ひたすら神に祈る
  - 医師,カウンセラーに助けてもらおうと考える

書かなくては」「きちんと完成させなくては」とついつい考えてしまいがちです。でも，このアセスメントシートは，「体験の全体像を理解する」といったことが目的であり，きれいな字で完成させることが目的ではないのです。ツールは理解のための補助にすぎません。CBTではいろいろなツールを使うことが多いので，この点に注意してください。クライアントにも，同じようにこのような説明をします。

アセスメントシートの記入例：事例1のYさん

それでは，先ほどのYさんの体験をアセスメントシートに記入してみましたので，それをご紹介します（図1-12）。

アセスメントシートの使い方は，1つの場面を1枚のシートに記入する場合もあれば，いくつかの体験をまとめて書いてみる場合もあり，いろいろで

す。このYさんの例は，いくつかの体験をまとめて書いてみたもの，ということになります。ですから，仕事でミスをしたこと，上司から叱られたこと，取引先からクレームを受けたことなど，彼にとってストレスとなりやすいことが，状況欄にまとめて書いてあります。そしてそのような状況に対する彼の認知的反応，気分・感情的反応，身体的反応，行動的反応が，それぞれの欄に記入してあります。彼が繰り返し体験している悪循環の全体像が，このようにまとめて書いてみると，より実感を伴って理解できるようになります。

Yさんのコーピングとサポート資源

　Yさんは，悪循環に対する対処をすでに試みているので，それをコーピングの欄に書き入れました。この時点での彼の対処は何かというと，ひとつは仕事を先延ばしにするということです。「先延ばし」というのは，無気力で仕事に取り組めない自分を救うための対処でもあると，この時点では考えられていたのです。「仕事を先延ばしにする」というのは行動でもありますから，これが行動欄に記入されていても一向に構いません。そして彼にとっては，これが対処でもあるのですから，コーピングの欄にも書き入れればよいのです。重複しても全く構いません。他にYさんのコーピングとしては，「何とかなると自分に言い聞かせる」「ひたすら神に祈る」「医師，カウンセラーに助けてもらおうと考える」といった，どちらかというと認知系のコーピングが挙げられました。実際の事例では，これらのコーピングが本当にYさんを救うことになっているのか検討していったわけですが，ここでは触れません。とにかくその人が，その時点で，コーピングとしていることを記入すればよいのです。

　サポート資源としては，Yさんの場合，奥さんとの関係が良く，奥さんが真っ先に記入されました。そして信仰を持っていたので，信仰や神の存在が入りました。それからドクターやカウンセラーという治療者・援助者もサポート資源だということでした。またYさんは本を読むのが好きで，それも

入れました。もちろん本を読むというのが，コーピングの欄に入っていても構いませんが，Ｙさんにとっては，悪循環への対処法として本を読むのではなく，このような悪循環に苦しんでいる自分のサポートとして，「本を読む」という行為を挙げてくれたのでした。また薬もサポート資源であるとのことでした。

アセスメントシートを使って，全体像を理解する

悪循環に目を向けるばかりですと，気が滅入ってきますし，すでに本人が実施しているコーピングや，すでに本人が持っているサポート資源が何かあるはずですから，それも同時に１枚のシートで一覧できるということが大切です。そのほうが，その人の体験をより全体的に理解することができるのです。

それではこのように，自分の体験を記入してみてください。繰り返しになりますが，体験の全体像の把握が目的ですから，ある項目をどの欄に記入するか，ということにあまりこだわらないでください。迷ったら，両方の欄に記入すればよいのです。あくまでシート全体を見渡して，全体像が理解できればよいのですから，どこかの欄に入っていれば大丈夫なのです。

（参加者にシートに記入してもらう）

ここまでがモデルについての話です。シートに記入してみていかがでしたか？　感想をお聞かせください。

参加者１：自分のことを，こうやってアセスメントシートに実際にまとめてみると，なかなか難しいものなんだなと思いました。カウンセラーが自分の体験をこうやってアセスメントすることに慣れていないと，実際に相談される方の体験をモデルに沿って把握するのが難しいだろうな，ということがよくわかりました。

参加者２：具体的に自分の体験を，認知，感情，行動，身体の４つに分ける，その分けるという作業がすごく大事なんだなと思いました。いつもは漠然と体験していることを，「そのときこう考えて，それからこう行動して」というふう

に，自分で分類できるようになるととてもいいな，と思いました。

認知行動療法の実施者がモデルに慣れる

　やはり CBT を実施するのであれば，まず実施する側（カウンセラー）が自分の体験をモデルに沿って考えるというトレーニングを，日常的に自分でやっていただきたいと思います。これは慣れれば簡単です。「今，どんな考えが浮かんだかな？」「今，自分はどんな気分かな？」などと，自分に聞いてみることを習慣にすれば，すぐにできるようになります。

第2章　認知行動療法の基本原則

　それではCBTの基本原則についてお話しします。原理原則の話ですから，ここでは具体的なことではなく，このような原則でCBTを進めていただきたいということだとご理解ください。

　CBTの基本原則は表2-1の6点です。

　ひとつひとつについて，簡単に説明します。

●基本原則1．常に基本モデルに沿ってクライアントの体験を理解する

　1番目の基本原則は，常に基本モデルに沿ってクライアントの体験を理解するということで，これは先ほどご紹介したとおりです。すべての体験を，常にこのモデルに基づいて考え，さらにその全体像を見ていこうとする，というのがCBTの大原則です。

●基本原則2．カウンセラーとクライアントはチームを形成し，信頼関係を通じて実証的見地から協同作業を行う　→　協同的実証主義

　2番目は，カウンセラーとクライアントの関係性についての原則です。CBTでは，クライアントとカウンセラーはチームを形成し，実証的な見地から協同作業を行う，というふうに考えます。ベックの認知療法では，この考え方を「協同的実証主義」と呼んでいます。

　これは言葉にすると難しいのですが，従来のカウンセリングでの関係性と

表2-1. 認知行動療法の基本原則

1. 常に基本モデルに沿ってクライアントの体験を理解する
2. カウンセラーとクライアントはチームを形成し信頼関係を通じて実証的見地から協同作業を行う
    → 協同的実証主義
3. 「今，ここの問題（here-and-now problem）」に焦点を当て，その解決を目指す
    → 問題解決志向
4. 心理教育を重視し，クライアント自身が自己治療やセルフカウンセリングができるようになることを目指す。それによって再発を予防する
5. 毎セッションおよび初回から終結までの流れを構造化する
6. カウンセリングにおける具体的目標を定め，その達成のために多様な技法をパッケージ化して活用する

対比して図にすると図2-1のようになります。

Aが従来のカウンセリングで推奨される関係性で，BがCBTにおける関係性です。CBTでは，クライアントにカウンセラーが向き合っていくという関係ではなくて，2人で問題解決のためのチームを組むという，すなわち同じチームの仲間同士という関係を作っていきます。協同チームを組み，そのクライアントが抱えている悩みや，カウンセリングでの目標や課題に焦点を当てて，実証的な見地から問題解決を進めていくのです。このように，クライアントとチームを組んで問題解決にあたるためには，どのようなコミュニケーションを構築していったらよいのか，というのが今日のワークショップのテーマのひとつです。コミュニケーションの仕方については，後で具体的にご紹介します。

それから，「実証的」というのは，あくまでもデータに基づいて話を進めていくという意味です。データとは数字とかそういうことだけではなく，クライアントの実際の体験そのものをデータとして，そこを出発点として問題を理解し，その解決を図るということです。ですから基本モデルに沿ってアセスメントして作成された，先ほどのアセスメントシートも，立派なデータとして活用できます。

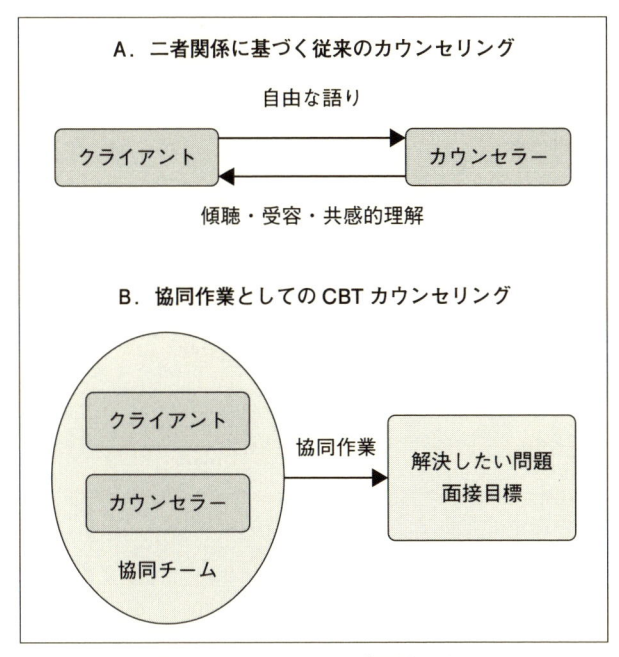

```
┌─────────────────────────────────────────────┐
│       A．二者関係に基づく従来のカウンセリング    │
│                                             │
│              自由な語り                      │
│     ┌─────────┐  →    ┌─────────┐          │
│     │クライアント│  ←    │カウンセラー│        │
│     └─────────┘       └─────────┘          │
│            傾聴・受容・共感的理解              │
│                                             │
│       B．協同作業としての CBT カウンセリング    │
│                                             │
│        ╭──────────╮                         │
│       ╱ ┌────────┐ ╲                        │
│      │  │クライアント│ │  協同作業  ┌──────┐  │
│      │  └────────┘ │   →       │解決したい問題│ │
│      │  ┌────────┐ │            │面接目標   │ │
│      │  │カウンセラー│ │            └──────┘  │
│       ╲ └────────┘ ╱                        │
│        ╰─協同チーム─╯                        │
└─────────────────────────────────────────────┘
```

図 2-1. カウンセリング関係の対比

またこういった関係性についても，クライアントに説明します。私たちは科学者のようにチームを組むのだと言うのです。それを聞いたあるクライアントは，「私たちが『科学者チーム』だなんて，かっこいいですね」とうれしそうに言っていました。こういうことを伝えることで，CBT に対するクライアントのモチベーションがさらに高まるという効果があります。

● 基本原則 3．「今，ここの問題」に焦点を当て，その解決を目指す
　　　　　　→ 問題解決志向

3 番目の原則は，CBT は問題解決志向であるということです。クライアントが今現在抱えている問題（here-and-now problem）に焦点を当てて，その解決を図っていくということです。これを図にすると図 2-2 になります。

「現在抱えている問題に焦点を当てる」ということについて，CBT が誤解

```
┌─────────────────────────────────────────────────────────┐
│  ┌──────────┐      ┌──────────┐      ┌──────────┐       │
│  │その問題に │      │現在，抱えて│      │その問題に │       │
│  │関連する過去│      │ いる問題  │      │関連する未来│       │
│  └─────▲────┘      └─────▲────┘      └─────▲────┘       │
│         ＼                │               ／              │
│          ＼               │              ／               │
│           ╲      ╱─────────────╲      ／                 │
│            ╲   ╱  問題解決チーム   ╲  ／                  │
│             ╳（カウンセラー・クライアント）                │
│               ╲                   ／                     │
│                ╲─────────────────╱                      │
└─────────────────────────────────────────────────────────┘
```

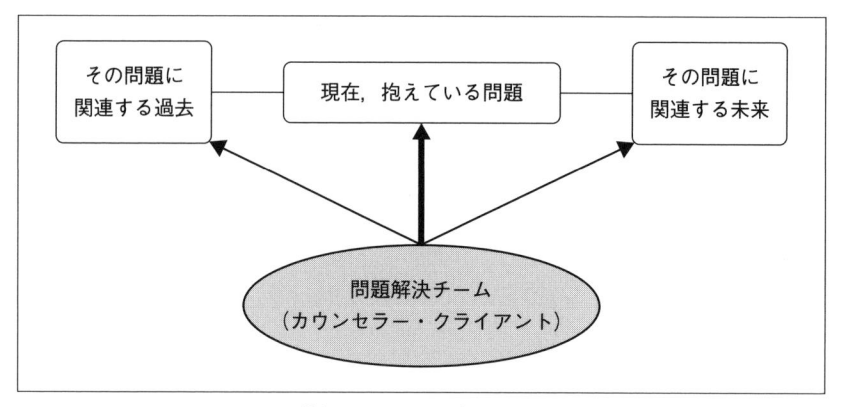

図 2-2.「今，ここの問題」に焦点を当てる

を受けているのをよく見聞きします。代表的なのが，「CBTは『現在』に焦点を当てるのだから，過去の話は扱わない」という誤解です。よく知らないでCBTを批判する人からも聞かれますし，スーパーヴィジョンなどでCBTの初心者からも聞かれることです。でも，現在抱えている問題がなぜ「問題」なのか，どのように「問題」なのか，ということが，その人の過去や未来に全く関係ないなどということが，ありうるのでしょうか？　その問題自体の経過（問題に関わる過去）や，その問題がどうなっていくとよいのかという見通し（問題に関わる未来）をきちんとヒアリングするのも，アセスメントの一環です。今抱えている問題の経過が長く，たとえば幼少期にその発端があるということであれば，当然その問題に関係すると思われる幼少期の話をきちんと聞きますし，たとえばキャリア形成に関する悩みといった問題であれば，その人が今後どう生きていきたいのか，自分の未来をどうイメージしているのか，という話を聞かなければ，今その人が抱えている悩みを理解することはできません。

　つまり過去を扱わないということではなく，あくまで「問題解決」を志向するなかで，今現在問題となっていることに関係する過去や未来の話については，きちんと聞いていく，ということなのです。ですから，たとえば過去

のトラウマを扱うのであれば，それは「それがどのように今現在の問題に影響を与えているのか」といった視点から扱います。過去にトラウマとなる出来事があっても，クライアントと話し合ったうえで，「そのトラウマとなった体験は，今ここで扱っている問題とは直接関係がないし，今それについて話し合う必要も特に認められない」と判断された場合は，そのことについては扱いません。

またときどき聞かれるのが，「問題解決志向」と「解決志向」との違いです。うまくいっているセラピーやカウンセリングで実際に起きていることは，理論的な志向性が違っていてもさほど違わないものだと思いますが，原則や理論の違いを押さえておくことは重要です。CBTは「解決」だけでなく，あくまでも「問題」と「解決」を志向します。今，このクライアントが抱えている問題はどのようなものか，ということを基本モデルに沿ってきちんとアセスメントできてはじめて，問題を適切に表現し，解決可能な課題を見つけていくことができるのだという理論に基づいています。つまり「問題」の理解が「解決」の前提にあると考えるので，CBTは「問題解決志向」なのです。そこが「解決志向」との違いです。

● 基本原則4．心理教育を重視し，クライアント自身が自己治療やセルフカウンセリングができるようになることを目指す。それによって再発を予防する

4番目の原則は，CBTは教育的なカウンセリングであり，「心理教育（psycho-education）」を重視するということです。その目的は，クライアントが自己治療（self-therapy）できるようになること，自分で自分のカウンセリングができるようになることです。そして，それができるようになれば，再発を予防できます。もっと言えば，CBTで習得したことを活用して，クライアント自身の成長や発達を促すということになります。これを図で示してみましょう。

面接の初期段階において，カウンセラーは積極的に心理教育を行います（図

```
A. 面接前期

  カウンセラー ──心理教育──→ クライアント
```

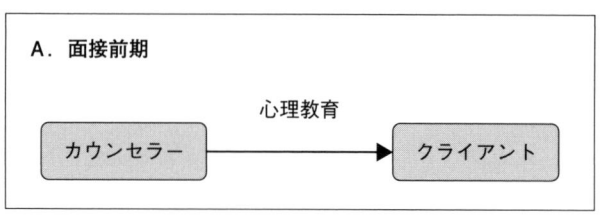

図 2-3. 心理教育　その 1

```
B. 面接後期

  カウンセラー ──心理教育──→ クライアント ⟲
                                    自己治療
```

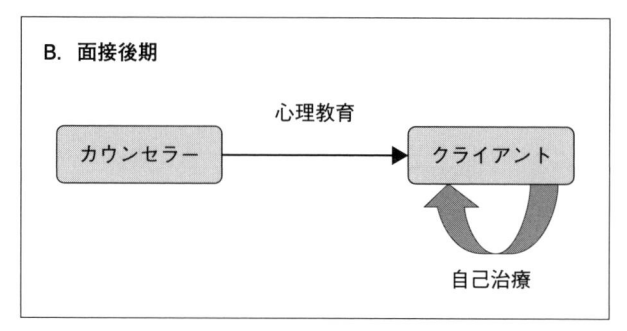

図 2-4. 心理教育　その 2

2-3)。心理教育として伝えるのは，クライアントが抱える症状や問題についての心理学的，精神医学的な情報と，CBT そのものについての情報です。

　面接が進んでいくうちに心理教育も進み，クライアントが徐々に自己治療やセルフカウンセリングができるようになっていきます（図 2-4）。そうなると終結を検討します。

　終結後は，カウンセラーがいなくても，クライアント自身が自己治療やセルフカウンセリングを続けるので，再発や問題の再燃が防止されるわけです。フォローアップセッションを行う場合は，クライアント自身が自己治療を続けているかどうかということに，注目します（図 2-5）。

　セッションを通じて，クライアントが自然に学ぶこともたくさんあるでしょうが，重要なことについてはカウンセラーがクライアントにきちんと明確に伝えることが必要です。ですから CBT では，特に初期段階では，カウンセラーはとにかくいろいろなことを説明します。口頭で説明することもあれ

```
C. 終結後

        クライアント
         ↺
      自己治療＝再発予防
```

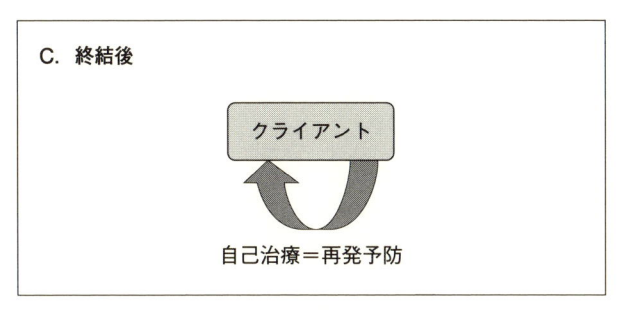

図 2-5. 心理教育　その3

ば，図や絵を描いて提示することもありますし，さまざまな文書も渡します。CBT のテキストや病気について書いてある文献を見せることもありますし，コピーを渡すこともあります。クライアントに本を購入してもらうこともあります。そして「CBT では心理教育をする」ということ自体も，心理教育の一環として説明します。

●**基本原則 5．毎セッションおよび初回から終結までの流れを構造化する**

　5 番目の原則のキーワードは，「構造化」です。CBT では，1 回のセッションを構造化しますし，初回から終結までの全体の流れも構造的にとらえ，それに沿って進めていきます。図で示すと，図 2-6 のようになります。

　1 回のセッションが 50 分であれ，30 分であれ，15 分であれ，最初の時間帯に何をして，次に何をして，その次の時間帯では何をして，セッションを終えるときには何をして……というように，セッションの流れに起承転結をつけます。また初回から終結まで，その回数が何回であれ，やはりその全体の流れに起承転結をつけます。たとえば，「今はアセスメントの段階である」「今は選択した技法を練習している段階である」「今は終結に向けて再発予防の準備をしている段階である」「今はフォローアップの段階に入っている」といったことを意識し，共有するのです。CBT では，面接をダラダラと漫然と続けないで，1 回のセッションにも，それから全体の流れにも，起承転

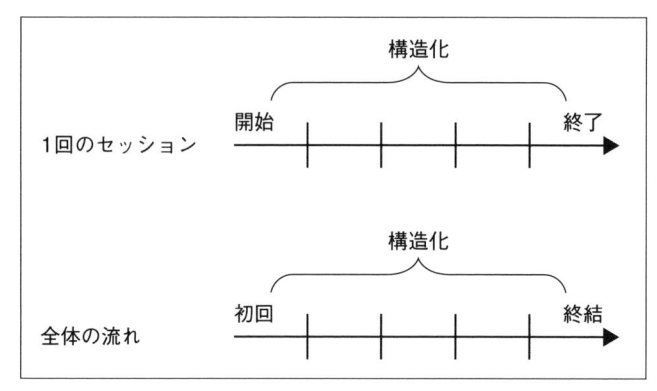

```
                        構造化
                   ┌─────────┐
1回のセッション    開始              終了
              ├────┼────┼────┼────→

                        構造化
                   ┌─────────┐
全体の流れ         初回              終結
              ├────┼────┼────┼────→
```

図 2-6. 認知行動療法における「構造化」

結のあるストーリーを持たせるのです。そのことを「構造化」と呼んでいます。

　構造化の目的は，限られた時間やエネルギーを効率よく使うということがひとつです。そしてカウンセラーとクライアントの両者が，「今，自分たちはどこにいるのか，何のために何をやっているのか」ということを常に意識し，共有することです。

●基本原則 6. カウンセリングにおける具体的目標を定め，その達成のために多様な技法をパッケージ化して活用する

　最後の 6 番目の原則は，技法に関することです。CBT には，いろいろな技法があるので，どうしても「はじめに技法ありき」のように思われやすいのですが，当然のことながら，重要なのは「何のために，その技法を使うのか」という目標が立てられているということです。カウンセリングで目指す目標を設定し，目標達成のために必要な技法を選んできてパッケージを作るという考え方をします。この考え方を図にすると図 2-7 のようになります。

　目標を設定する際に重要なのは，クライアントの人生や生活における目標と，カウンセリングでの目標を区別することです。クライアントの人生や生

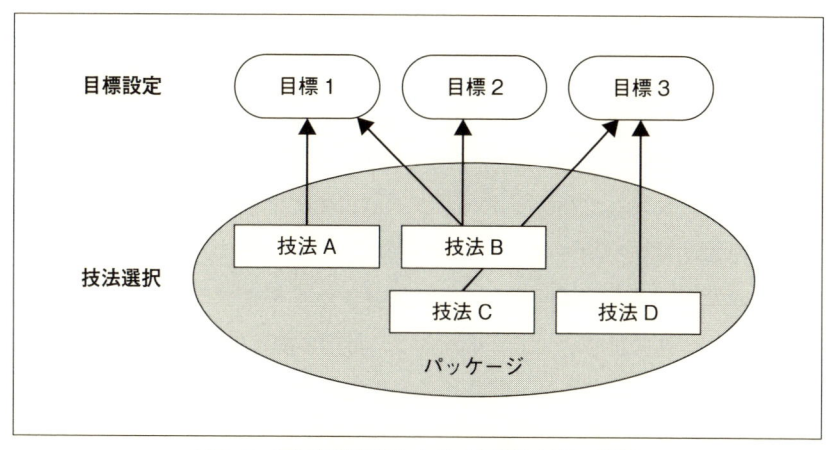

図2-7. 認知行動療法における目標と技法の関係

活における目標の中から，カウンセリングでの目標を絞り込むという言い方もできます。クライアントは，自分の生活や人生において，さまざまな希望や目標を抱いています。それは自然なことです。そしてそれらの希望や目標を，すべて面接で扱う必要はなく，その中で，カウンセリングで扱うことのできるもの，カウンセリングによって達成できそうなものを選択する，またはその目標のどの部分だったらカウンセリングで扱う意味があるのかという問いを立て，絞り込みを行えばよいのです。逆に「それは確かにクライアントの人生にとって大事な目標かもしれないけれども，カウンセリングで扱う必要がない」と，とりあえず判断されたことは，それはそれとして置いておけばよいのです。CBTに限らず，カウンセリングの初心者は，クライアントの人生をすべて背負ってしまうような錯覚にとらわれがちですが，クライアントの人生と，カウンセリングでの協同作業とは同一ではないということをきちんと意識化しておく必要があります。

1つ例を挙げますと，最近私が担当したケースで，アセスメントや問題の同定の手続きが一段落し，「CBTでの目標を決めましょう」というセッションがありました。そのクライアントに，どういうことを目標にしたいか尋ね

たところ，クライアントはブレインストーミング風に，いろいろな希望を出してくれました。その中にはたとえば，「結婚したい」というのと「入ったばかりの職場の同僚と，一緒にお昼ごはんを食べられるようになりたい」というのがありました。そこで，「結婚したい，という希望があるのはわかりました。これはここでのカウンセリングで目標にできることでしょうか？」と私が尋ねますと，クライアントは笑って，「いいえ，これは違いますね」と答えました。そして「同僚と一緒にお昼ごはんを食べられるようになる，というのは，カウンセリングで話し合って目指すことのできる目標のように思われますが？」と言うと，クライアントもそれに同意してくれました。その目標であれば，CBT のいくつかの技法を役立てることができそうだということで，カウンセリングの目標のひとつとして設定したわけです。このような感じで，クライアントの希望を聞いたうえで，カウンセリングでの目標を具体的に表現していくということが CBT では非常に大切です。技法を選択するまでの前段階を丁寧に進めることが重要なのです。

　目標が決まってはじめて，その目標に合った技法を選ぶことができます。具体的な技法については，後ほどご紹介します。とにかく目標が決まらないと何の技法を使ってよいかはわかりません。そして技法は 1 つで済むときもあれば，複数必要になる場合もあります。そうやってその人に合った技法をパッケージ化するのです。その人に合った，その人なりの CBT をオーダーメイドする感じです。

　以上，CBT の基本原則についてでした。比較的，抽象的な話でしたが，CBT を進めていくうえでは常に意識していただきたい重要なことばかりです。

第3章　認知行動療法の基本スキル

　それでは今日のワークショップのメインである，CBTの基本スキルの紹介に入ります．表3-1の順番で話を進めていきます．

　この6項目のうちで，今日特に焦点を当てるのは，1番と2番と3番です．この3つを技法として実践できてはじめて，4番以降の技法を効果的に使えるようになります．ですから今日は，かなり具体的な話を交えながら，1番から3番までのスキルについてご紹介し，4番以降はさらっとご紹介するにとどめます．

● **基本スキル1．双方向的なコミュニケーション**

従来のカウンセリングに対する苦情

　基本スキル1は，「双方向的なコミュニケーション」です．私のところにはCBTを受けたいという人や，「CBTを受けたらよいのでは」と人から勧められた人が来談することが多いのですが，そういった人のなかには，それまでも他の所でいろいろな治療やカウンセリングを受けてきたが良くならない，何年経っても変わらないという人が結構多くいます．そういった人から，それまでの治療やカウンセリングについて聞くと，次の2点の苦情がよく聞かれます．

①話をきちんと聞いてもらえなかった．

表 3-1. 認知行動療法の基本スキル

1. 双方向的なコミュニケーション
2. アセスメントと心理教育
3. セッションを構造化する
4. 認知再構成法（狭義の認知療法）
5. 問題解決法
6. その他の認知行動技法

②話を聞くだけで，何もしてもらえなかった。

　①の「聞いてもらえなかった」というのは，医師に対する苦情として聞かれます。これには外来での診察時間の制約などいろいろな事情があると思いますが，少なくとも患者のほうは，「聞いてもらえなかった」と受け止めたわけです。そして②の苦情は，セラピストやカウンセラーに対するものです。日本で行われているカウンセリングの主流は，クライアントの話をじっくりと傾聴して，クライアントが自ら気づいたり変化していくのに寄り添って待つというアプローチだと思いますが，そのようなアプローチに対する不満です。このやり方が悪いと言いたいのではありません。このようなアプローチを通じて，良くなっていく人，変化していく人も確実にいます。しかし，そうでない人もたくさんいるわけです。そういう人から聞かれるのが，「確かにカウンセラーは，よく話を聞いてくれた。でも聞いてくれるだけで何もしてくれなかった」「以前のカウンセリングで何をしたのか，よくわからない」「とにかく数年間，話をしつづけてきたが，結果的に何も変わっていない」「小さい頃のこととか，家族のこととか，関係ないようなことばかり聞かれて，意味がわからなかった」といったことです。

クライアントの苦情はもっともなことである
　これらの苦情から見られる問題のひとつは，「ひたすら話をして，カウン

セラーはそれを傾聴する」といったカウンセリングを，何のためにするのか，それにはどのような効果があるのか，ということをカウンセラーがクライアントに説明していない，またはそのような合意がされていない，というインフォームド・コンセントに関わることだと思います。

　また従来のアプローチで改善した人は，わざわざCBTを受けに来ないと思いますので，私がそういう人に会っていないことはわかっていますが，先ほどのような苦情を聞くと，私自身も「それはもっともだな」と思うのです。何らかの問題を抱えて非常に困っており，「何とかしたい」「何とかしてほしい」と思って来談している人に，「何もしてもらえなかった」と思われてしまうというのは，やはり対応が足りないと思うのです。

認知行動療法のコミュニケーションが目指すこと
　では，前述の2つの苦情を真摯に受け止めて，援助者側はどうするべきかというと，以下の2点になるでしょう。ごく当たり前のことです。

①話を適度に聞く。
②聞いたうえで対応する。

　しかし，この当たり前の対応をしていない専門家が多いから，前述のような苦情が多く聞かれるわけです。ところで，「適度に話を聞いたうえで，対応する」というのは，むしろ普通の対話で行われていることだと思いませんか？　普通の対話というのは，援助を目的とする専門的対話ではなく，友だち同士の対話，親子の対話，職場での上司や同僚との対話など，日常的に何気なく行われているものです。CBTで目指すべきなのは，高度に専門的で特殊な対話ではなく，むしろ私たちが何気なくやっている，気分のよい対話を実現することなのではないかと，私は考えています。日常生活で行われている気分のよい対話を，クライアントとのやりとりで実現することを，CBTのカウンセラーは目指せばよいと思うのです。

表 3-2. 気分のよい対話

1. 率直である
2. テンポが適度である
3. 双方が同程度に話す
4. わからないことは訊く
5. 相手の発言を尊重する
6. その他

　ただ，私たちの対話の相手（クライアント）は，よい気分の元気な人ではなく，落ち込んでいる人や，うんと不安になっている人や，要するに気分のいい対話どころではないという人たちです。そういう人に対して，ふだん私たちが日常生活でやっている気分のよい対話を実現できればよいのではないか，むしろまずそれが必要なのではないかと考えます。

気分のよい対話とは

　そこで，気分のよい対話とはどういうものか，思いつくままに挙げてみます（表3-2）。
　率直に話す，その際のテンポが適度である，というのはCBTに限らず当然のこととして，特に3番の「双方が同程度に話す」というのは，傾聴型のカウンセリングとの違いだと思います。CBTではクライアントもしゃべりますが，カウンセラーも結構しゃべります。そして4番ですが，わからないことは訊くのです。訊いたうえで，相手の発言を尊重するのです。他にも気分のよい対話には，いろいろな特徴があるかと思いますが，私たちが日常生活で，気分よく人と話をしているときは，大体こういった現象がみられるのではないかと思います。そしてCBTではこのような対話の実現を目指すのです。
　実際にクライアントから，「普通に話ができて良かった」と言われたことが，私は複数回あります。どういうことか尋ねてみると，皆さん言うことが同じ

表 3-3. 双方向的な対話のコツ

> 1. 親切であること
> 2. 物分かりが良すぎないこと

で、それまで会っていたカウンセラーが、「やたらに優しい態度だった」「どんな話も同じように『ええ』『そうですか』と受け止める」「意見を求めたら、はぐらかした」のだそうで、それが不思議、もっと言うと不気味だったというのです。そのような受容的な傾聴で満足し、救われるクライアントももちろんいるとは思うのですが、カウンセラーがただ傾聴し、受容することに対するこれらの感想は、CBT で協同作業に慣れている私には、当然のことのように思われます。そしてそういう人が、「カウンセラーが普通の人で良かった」「ここは普通に話ができるので良い」と言うのだと思います。

双方向的コミュニケーションというのは、聞く一方ではなく、また話す一方でもなく、お互いに話をしていく、活発に対話をしていく、ということなのです。そしてこの対話は、普通にコミュニケーション能力を持つ健康な人であれば、普段、無意識的にできるのですが、カウンセリングに来る人は、落ち込んでいたり、怒っていたり、何らかの問題を抱えていたりする人が多いので、そういう人に対して、カウンセラー側が意識的にそのような対話を構築していく、ということになるでしょう。

双方向的な対話のコツ

双方向的な対話を構築していくためのコツを、もっと具体的にご紹介します。コツとして心がけていただきたいのは、表 3-3 の 2 点です。

「親切である」というのは当たり前のことなので、これ以上説明しませんが、2 番目の「物分かりが良すぎないこと」というのは、私も含めて特に日本で臨床心理学の訓練を受けてきた人たちは、気をつける必要があることだと思います。共感は大切ですが、カウンセラー側の推測で理解したつもりになっ

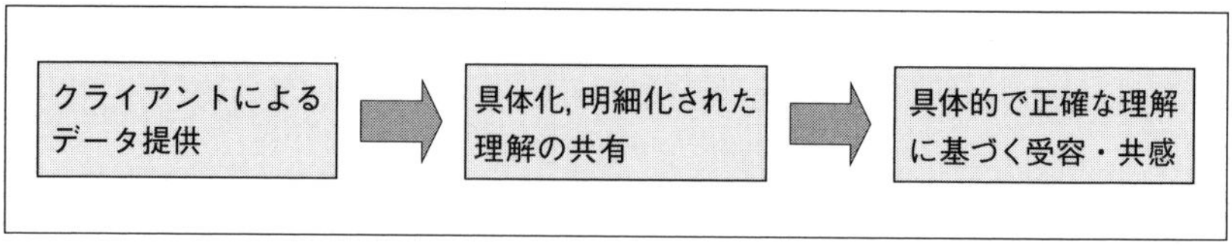

```
┌─────────────┐     ┌─────────────┐     ┌─────────────┐
│ クライアントによる │ ⇒ │ 具体化,明細化された │ ⇒ │ 具体的で正確な理解 │
│ データ提供     │     │ 理解の共有     │     │ に基づく受容・共感 │
└─────────────┘     └─────────────┘     └─────────────┘
```

図3-1. クライアント自身のデータに基づく理解の進行過程

て共感する,というのは,実は順序が逆だと思うのです。推測ではなく,あくまでもクライアントが話してくれたことに基づいて,つまりクライアントが提供してくれたデータに基づいて理解を進めていく必要があります。これが基本原則でご紹介した,「協同的実証主義」ということなのです。実証的に理解を進めていくためには,クライアントに具体的なデータを出してもらうしかない,すなわち極力具体的に話をしてもらうしかないのです。それらのデータに基づいてアセスメントを進め,目標を設定するわけです。このことを図にすると,図3-1になります。

このような流れで進めるためには,クライアントのどんな話もデータとして具体化する,明細化する,ということが必要です。具体的なデータを持っているのは,クライアントだけです。カウンセラー側は,最初は何も知りません。ですからクライアントに教えてもらう必要があるのです。具体的に話をしてもらったうえで,正確な理解ができ,それに基づき最後に受容・共感できることについては自然と受容・共感し,それをクライアントに伝える,という順序がとても重要だと思います。

ソクラテス式質問法

皆さんはオープン・クエスチョン(開かれた質問)というのはご存じだと思いますが,CBTにおいてクライアントに,具体的なデータを出してもらう際のコツは,内容をある程度特定したオープン・クエスチョンを使うということです。これで対話が活性化します。このような方法を,CBTではソクラテス式質問法と呼ぶことがあります。古代ギリシャの哲学者ソクラテス

表3-4. ソクラテス式質問法のポイント

1. 当事者が自問し，自ら発見できるように問いかける
2. 適度に制約を設けたオープン・クエスチョンを用いる
3. どんな回答であれ，相手の発言を尊重する
4. どんな回答であれ，相手の発言に関心を示す

が，市井の人々を対象に実践した教育的な対話において用いられた質問の仕方を，「ソクラテス式質問法」と呼んでいるのです。

ソクラテス式質問法のポイントは表3-4のとおりです。

第1に，質問された側，すなわち当事者の自問を促すような問いかけをする，ということです。そして当事者が自分で発見できるように誘導するのです。そして第2に，先ほども申し上げた，適度に制約を設けたオープン・クエスチョンを用いるということです。そして，当事者がオープン・クエスチョンによって何を発見するかは，わかりません。逆に言うと，何を発見してもいいし，どんな回答でもいいわけです。ですから第3のポイントは，そのような質問をした以上，どんな回答が返ってきても，それを尊重するということです。これは，言うのは簡単ですが，実際はそうでもないのです。というのも，質問する側が，何らかの回答を予測していることが実際には多いためです。そこで，予測と全く違う回答が戻ってきたりすると，慌ててしまったり，回答を矯正しようとしたりしてしまいがちなのです。あからさまにそうしなくても，そういう反応は何となく相手に伝わってしまいます。ですから心得として，あえて第3のポイントに挙げました。第4のポイントも同じです。質問する側が回答を用意せず，どんな回答であれ，それがクライアントの自問による発見だということで，最大限大事に扱い，関心を示していくことが必要です。

ソクラテス式質問法の例

以上がソクラテスが実践していた教育的な質問法のポイントですが，質問

の具体例を示しましょう（表3-5）。

　たとえば1の，「どんなことがあったのですか？」という質問は，それなりに具体的ではあります。質問者の意図としては，基本モデルにおける状況や出来事を質問する，ということがわかります。しかし実際には，さまざまな回答が返ってくる可能性が高いです。出来事を答える人もいれば，自分の反応を答える人もいるでしょう。基本モデルにおける「出来事」に該当する情報を，できるだけ具体的に知りたいのであれば，もう少し制約を設けた質問，たとえば「そのとき，何が起きたのですか？」と尋ねてみるとよいのです。この質問であれば，「そのとき」という時間的な制約が示され，さらに「起きた」という表現から出来事ということが示されているからです。こういう質問を受けると，大抵のクライアントは，「そのとき，どんな出来事が起きたんだろう？」と自問しはじめ，「あー，そうそう，こんなことが起きたんです」と具体的に思い出し，答えてくれるのです。

　2の質問も同じことで，「あなたの好きなことは何ですか？」という質問は，あまりにも幅が広すぎますよね。聞かれたほうも，「好きなことって，何を聞いているんだろう？」と戸惑ってしまうかもしれません。でも，「どんな活動をしていると楽しいと感じますか？」と尋ねれば，好きな食べ物でもない，好きなテレビでもない，好きな活動なんだと，明確にわかります。さらに「好き」よりは「楽しい」のほうが，具体的に考えやすいです。こう聞かれれば，「自分って，どんな活動をしているときに楽しいんだろう？」と自問して，「○○しているとき」と具体的に答えやすいわけです。

　3の「調子はいかがですか？」という質問も，関係性ができていて，挨拶のように使われる場合が多いと思いますし，それが悪いというわけでは決してないのですが，この質問も，何を聞いているのか，実はあまり明確ではありません。基本的にCBTで使う質問は，カウンセラーが何について聞きたいのか，具体化されている必要があります。ですからたとえば，前回から今回にかけての気分を報告してもらいたいのであれば，「この1週間，どんな気分になることが多かったですか？」と，限定した聞き方をするのです。こ

第3章 認知行動療法の基本スキル

表3-5. ソクラテス式質問法の例

通常の質問	適度に制約のあるソクラテス式質問
1.「どんなことがあったのですか？」 →	「そのとき，何が起きたのですか？」
2.「あなたの好きなことは何ですか？」 →	「どんな活動をしていると，楽しいと感じますか？」
3.「調子はいかがですか？」 →	「この1週間，どんな気分になることが多かったですか？」

のように聞かれれば，「この1週間，自分はどんな気分だったんだろう？」とクライアントが自分自身に尋ねて，「半分くらいは悲しかった」とか「不安になることが多かった」というふうに具体的に答えてくれます。

　以上が，制約を設けたオープン・クエスチョンの例でした。こういうスキルは，理解したうえで，あとは実際に使っていくしかないのです。試しにこういう聞き方をしてみようかな，と使ってみて，クライアントが，すらすらとわかりやすく答えてくれればうまくいったということになりますし，その質問に対して，逆に戸惑われてしまったら，また別の聞き方をしてみればよいのです。小さく実験しながら調整していく感じです。

参加者：考え方としてはよくわかりました。でも，わかっていても，クライアントさんの前では言葉が出ないということが，実際多いんですが，どうすればよいでしょうか？

伊藤：これはスキルですから，理解するだけでなく，身についていないと，できませんよね。その場合は，いきなりクライアントさんを相手にやろうとするのではなく，まずご自分の日常生活の対話で，試していただくとよいかと思います。ご自分の生活を，練習の場にするのです。それも「今，こういう練習をしています」と言ってやるのではなく，普通の会話，たとえば同僚とか家族との普通のおしゃべりのときに，ソクラテス式質問法を使ってみようと，意図して使ってみてください。それなら安全ですし，失敗してもどうということはありません。

この制約を設けたオープン・クエスチョン，すなわちソクラテス式質問法のもうひとつのコツとしては，必ず基本モデルに基づいて質問していくことです。今，自分が何について質問しているか，ということをカウンセラー自身がわかっているということが大切です。

質問によってモチベーションを上げる

　また，従来のカウンセリングに慣れている人のなかには，質問すること自体に不安を感じる人がいるようです。これから実際の対話例をご紹介しますが，CBTでは，とにかくしつこく質問します。クライアントをとりまく状況や，クライアントの体験を，できるだけ具体的かつ正確に理解し，それを共有するためです。ですから質問も，内面をえぐるようなものではなく，あくまである状況でのある体験を明確化するためのものです。そのようなしつこい質問をすると，クライアントが嫌がるのではなかろうかと心配になる人がいるかもしれませんが，実際にクライアントに嫌がられるということはありません。むしろそのような質問を通じて，カウンセラーが「あなたの状況や問題を具体的に理解したい」「あなたと具体的な情報を共有したい」と考えていることが伝わりますので，クライアントのモチベーションも上がります。

双方向的な対話の例

　それでは実際の事例で行われた双方向的な対話の例を，これからご紹介します。クライアントはYさんと呼ぶことにします。このYさんの事例は，今日これからあちこちで出てきます。Yさんは30歳代の男性会社員です。主訴は「うつ」でした。
　これから紹介するのは，第2セッションの冒頭の対話です。解説を交えながら，実際のやりとりを提示していきます（Co：カウンセラー）。

第3章　認知行動療法の基本スキル　51

【対話1】
Co：前回出したホームワークは，職場での落ち込みについて自己観察してくるという課題でした。いかがでしたでしょうか？
Y：会社に行って，仕事が溜まっていると，落ち込んでしまうようです。

　カウンセラーの質問は，かなり具体的なオープン・クエスチョンです。「職場での落ち込みについての自己観察課題」について「いかが？」と質問しているのです。Yさんは，観察して気づいたことを答えてくれました。
　対話1のYさんの発言に対して，もし自分ならどのように対応するか，少しイメージしてみてください。いろいろな対応のバリエーションがあると思いますし，どれが正解ということではなく，ここで紹介するカウンセラーの数々の発言は，ひとつのサンプルだと思ってください。しかし，非常にCBTらしい発言です。

【対話2】
Co：仕事が溜まっているって，どんな仕事がどんなふうに溜まっているのでしょうか？　教えていただけますか？
Y：営業日報や週報を書くといった，書類仕事です。ちょっとサボると，たちまち未記入の書類が溜まってしまうのです。

状況を具体的に把握する質問
　対話1でYさんは，「仕事が溜まっていると，落ち込むようだ」と報告してくれました。これは先ほどの基本モデルでいうと，「状況」と「気分・感情」に該当します。一見，対話1でのYさんの発言は，具体的な感じがするかもしれませんが，実際はどうでしょうか？　「仕事が溜まっている」という表現は，実はさほど具体的ではありません。仕事が溜まるといっても，いろいろな状況が考えられますから。そこで，カウンセラーは対話2で，さらに状況を具体化するためのソクラテス式質問法を用いたのです。それに呼応す

るかのように，Yさんの発言はさらに具体的になりました。日報や週報といった報告書に記入するという書類仕事が溜まっている，ということが，これでわかったのです。

　それでは次のやりとりを見てみましょう。

【対話3】

> Co：溜まってしまうって，日報や週報がどれくらい，どんなふうになっているのですか？
> Y：日報も週報も常に2週間遅れくらいの状態です。担当の女性や上司に出せと言われるまで，机の上に放ってあるんです。

状況をさらに具体的に把握する質問

　対話2でYさんの発言はだいぶ具体的になったと思いきや，カウンセラーは対話3で，さらにしつこく状況を具体化するための質問をしています。「書類が溜まる」といっても，やはりいろいろな状況がありうるからです。たった少しでも「溜まる」と表現する人もいれば，うんと溜まってはじめて「仕事が溜まっている」と表現する人もいます。そしてYさんの仕事の溜まり方は，2週間遅れで，他人に出せと言われるまで，それらの書類が机の上に放ってある，とわかってきました。

　かなり具体的に状況が把握できたような感じもしますが，次のやりとりを見てみましょう。

【対話4】

> Co：それらの書類は，どういう状態なのですか？　途中まで書いてあるのですか？　それとも全くの手付かずの状態なのでしょうか？
> Y：ああ，ほとんど手付かずです。何も記入していない書類の山を見ると，本当に気が重くなります。

カウンセラーは，さらに状況を具体化するための質問を続け，溜まっている書類の状態を聞きました。先ほど「未記入の」とYさんは言っていましたが，2週間分の書類がすべて手付かずなのか，進んでいるものもあるかで，だいぶ状況が変わってきます。そしてYさんの回答は，「ほとんど手付かずだ」というものでした。

イメージを共有できるまで質問を続ける

結局カウンセラーは，状況を特定するためのオープン・クエスチョンだけを，ここまでずっとしつこく繰り返した，ということになります。本当にしつこくて驚いたかもしれませんが，では，どこまでしつこく続けていけばよいのでしょうか？ ポイントはイメージです。カウンセラーが具体的にイメージできたか，というのが重要です。今は，Yさんが落ち込んだときの状況を聞いているわけですが，その状況や場面が十分に具体的に表現されていたら，その場面をカウンセラーもイメージできるはずです。

自分の反応を引き起こした状況や場面を語るときに，どれだけ内容が具体的かということは，クライアントによって違います。最初から，カウンセラーがリアルなイメージを描けるくらい，具体的に語ってくれる人もいれば，非常に大雑把な語り方をする人もいます。CBTでは基本モデルに基づいて，クライアントの体験を具体的に理解する必要がありますから，クライアントの発言が大雑把な場合，それを具体化するための質問を重ねていくのです。

CBTの基本モデルの出発点は，「環境」，すなわち「状況」や「他者とのかかわり」でした。ですから，クライアントの体験を引き起こした状況や他者とのかかわりを，まずは具体的に聞いていくわけです。そしてこのように尋ねられることによって，自分の体験を引き起こした場面に対するクライアント自身のイメージも，次第に具体的になっていきます。あたかもその場にいるかのように，リアルに想起し，それをカウンセラーに語ってくれます。カウンセラーも次第に，場面をリアルにイメージできるようになります。情報が具体的であればあるほど，クライアントとカウンセラーは同じイメージ

を共有しやすくなりますし，その後，モデルの他の構成要素，すなわち「認知」や「気分・感情」などについて話してもらうときに，それらがとてもリアルでイメージしやすいものになるのです。

　私はYさんに対し，状況を具体化するための質問を重ねたうえで，対話4でのYさんの発言「ああ，ほとんど手付かずです。何も記入していない書類の山を見ると，本当に気が重くなります」を聞いて，Yさんの言う「会社に行って仕事が溜まっていると落ち込む」という場面が，かなりリアルにイメージできたと実感できました。

　では，対話4に続くやりとりを紹介します。

【対話5】
Co：ちょっとまとめさせてください。週報や日報など，普段の仕事でやらなくてはならない書類が，Yさんの場合，手付かずのまま溜まっていて，常に2週間遅れくらいになってしまうのですね。で，上司や担当者からせっつかれるまで，そのままになっている。Yさんは会社に行って，その書類の山を見ると，気が重くなって，落ち込んでしまう。これで合っていますか？
Y：合っています。その通りです。

　確認したうえで共感を示す
　これは小さなまとめと確認の作業です。カウンセラー側がリアルなイメージを通じて理解できたと思っていることが，Yさんの体験とマッチしているか，聞いてみたのです。そしてYさんが「合っています。その通りです」と答えたことで，Yさんが想起した体験のイメージとYさんの体験に対するカウンセラーのイメージが大体合っている，つまり，状況や場面の理解が共有できた，ということが確認できました。

　その次のやりとりは，こうです。

表3-6. さまざまな対応の例

1.「会社に行って，仕事が溜まっていると，落ち込んでしまうのですね」
2.「それは大変ですね」
3.「その落ち込みについて，教えてください」
4.「その後，どのように対処したのですか？」
5.「落ち込まなかった時も，ありましたか？」

【対話6】

Co：確かにこの状況は，Yさんにとって気の重いものでしょうね。
Y：ええ，そうなんです。朝，会社に着いて，すぐ気が重くなっちゃって，落ち込んでしまうのです。

　つまり，Yさんを落ち込ませる状況を，これでもかというくらいしつこくしつこく具体化し，カウンセラー側の理解が合っているか確認し，そのうえで，「確かにこの状況は，Yさんにとって気の重いものでしょうね」と共感を示したのです。その共感に対して，Yさんも「ええ，そうなんです」と肯定してくれました。

ここまでのやりとりのポイント

　それではここまでのやりとりのポイントを，検討しておきましょう。先ほどの対話の冒頭は，「前回出したホームワークは，職場での落ち込みについて自己観察してくるという課題でした。いかがでしたでしょうか？」「会社に行って，仕事が溜まっていると，落ち込んでしまうようです」というものでした。次にカウンセラーがどう対応するか，何を言うか，実際には次のようないろいろな選択肢があります（表3-6）。
　たとえば1は，クライアントの発言を共感的に繰り返すというものです。2は，即時的に共感を示すというものです。3は，「会社に行って，仕事が溜まっている」という状況ではなく，「落ち込んでしまう」というクライアントの情緒的反応に焦点を当てた対応です。4や5は，ソリューション・フォ

ーカスト・アプローチ（解決志向的アプローチ）的な対応だと思いますが，4はコーピングについて，5は例外について聞いています。これらの対応は，実際の面接場面でよくみられるものでしょうし，これらが悪いというわけではないのですが，CBTの場合は，先ほどご紹介したように，まずは状況を詳しく聞いていくのです。

　あの冒頭のやりとりを通じて，CBTのカウンセラーの頭に浮かぶ問いは，「仕事が溜まっているって，具体的にどんな状況なんだろう？」「溜まっている仕事って，一体どんな仕事なんだろう？」「仕事の溜まり具合は，どうなんだろう？」「少しやれば終わる仕事が溜まっているのか，全く手をつけていない仕事が溜まっているのか，どうなんだろう？」「仕事が溜まるというのは，今の一時的な状況なのか，Yさんにとって慢性的な状況なのか，どうなんだろう？」……というものです。

　そしてこれらの疑問を，ひとつひとつ丁寧に質問していきます。そして「Yさんの言う，『仕事が溜まっている』というのは，まさにこういう状況なのか」とカウンセラーが実感を持ってイメージできるまで，質問を続けていきます。

クライアント自身が状況をリアルに想起する意味

　このようなやりとりのなかで，クライアント自身が，その状況を生き生きと想起しはじめます。そして具体化のためのコミュニケーションに慣れていき，今度はカウンセラーがしつこく質問をしなくても，クライアントが自ら具体的に状況を話してくれるようになります。状況を生き生きとイメージできれば，その場の自分の反応，すなわち思考やイメージ，感情，行動，身体の反応についても，非常にリアルに想起できます。つまりCBTの基本モデルに沿って，非常に具体的なアセスメントが可能になるのです。

　先ほど示した図3-1（p.46参照）の意味が，今の対話例でおわかりいただけたかと思います。

　ある程度制約のあるオープン・クエスチョンを，親切に，大事に，丁寧に繰り返し，あくまでもクライアントに具体的な情報を出してもらうのです。

そのデータに基づいて理解しようとすれば，その理解は非常に具体化，明細化されたものになります。つまりクライアントの発言を正確に理解し，共有できるのです。それができてはじめて，具体的で正確な理解に基づく受容・共感が可能になります。すぐに共感しない，物分かりを良くしない，というのはこういうことです。

　そしてこれも先ほど言いましたが，このような質問をクライアントが嫌がるということは，まずありません。そもそも人間というのはあまのじゃくですから，自分の悩みを他人にわかってほしいと思いつつ，「簡単にわかられても困る」「簡単にわかられてたまるもんか」という気持ちもあるので，やはりクライアント自身が話したことに基づいて，「あなたが話してくれたことによって，こういうことが理解されましたね」といった言い方をすると，むしろ反発されないのだと思います。

来談者中心療法における質問

　余談ですが，日本でカウンセリングや心理療法を勉強しようとすると，来談者中心療法をはじめに学ぶことが多いですよね。傾聴，受容・共感といったコミュニケーションの仕方を最初に習うのだと思います。私もそうでしたが，私はすぐにCBTの勉強を始めたので，その後ロジャーズについて勉強することがありませんでした。ところが最近，来談者中心療法で面接をしているという人たちに対し，CBTのレクチャーをすることが何度かあり，その人たちが，クライアントに質問すること自体を非常に怖がっている，質問することがタブーであるかのように考えているということがわかりました。そして，その人たちはそういう教育を受けてきたというのです。そこでちょっとロジャーズについて調べてみたのですが，ロジャーズがクライアントに質問してはいけないと考えていたという記載が見当たらなかったものですから，あるロジャーズ研究者に聞いてみました。するとその先生によると，ロジャーズは質問してはいけないなどとは言っていない，ということなのです。そこで「それならばなぜ，日本で来談者中心療法の教育を受けた人たちは，

クライアントに質問してはいけないと考えているのでしょうか？」と，その先生にさらに聞いたところ，「それは日本だけではないんです」という答えでした。どういうことかといいますと，とにかくロジャーズは質問してはいけないなどという主張は全くしていないのですが，クライアントの話を傾聴するというロジャーズの考えばかりに焦点が当てられてしまい，そのうちに，質問がタブーであるかのような呪縛が自然発生的に生じてしまったのだそうです。今でもアメリカのロジャリアンには，そう考えている人が多いのだそうで，日本でも同じような流れで，質問がタブーであるかのような呪縛が発生したのではないか，というお話でした。非常に興味深かったですし，ロジャーズ自身が質問をタブーとしていなかったということを，専門家に聞くことができて，私自身はすっきりしました。

参加者：質問を重ねていくときに，カウンセラー側はメモを取るものなのでしょうか？

伊藤：はい，CBT の場合は，クライアントさんの目の前で，クライアントさんにも見えるように記録用紙に書き込んでいきます。ですから記録を取るというのも，協同作業をしているような感じです。目の前の記録用紙に記載されたことを，「さっきのここだけれど，やっぱりちょっと違う気がしてきた」などと，指でさして，2人でそれを見ながら話す，といったこともよくあります。またツールへの記入は，最初はカウンセラー側が記入することが多いですが，これもクライアントさんにどんどん書いてもらうようにもっていくことが多いです。メモを取るというのには，CBT ではもうひとつ意味があって，それはあれだけ具体的な情報がたくさん出てくるわけですから，それを口頭でやって覚えておくというのは無理なので，その場で書き込んでいくことが必要なのです。人間の情報処理能力には限界がありますから，それを補うためという意味があります。

表3-7. アセスメントの定義

> アセスメント：クライアント自身について，そしてクライアントが抱える問題，クライアントが置かれている状況などについて，その経過と現状を，できるだけ多層的，全体的にとらえようとする手続きのこと

表3-8. アセスメントのポイント

1. 認知的概念化，事例定式化とも呼ばれる
2. 医学的診断と整合する（DSM-Ⅳ）
3. CBTの基本モデルに基づく
4. アセスメントは常に参照，改訂され続ける
5. 尺度，数値を併せて使うことが望ましい

●基本スキル2．アセスメントと心理教育

では基本スキルの2に進みます。アセスメントと心理教育についてです。

認知行動療法におけるアセスメント

アセスメントの定義は，表3-7のとおりです。

アセスメントのポイントは表3-8のとおりです。

まず最初のポイントとして，ここで言うCBTのアセスメントとは，テキストによっては，「認知的概念化」とか「事例定式化（ケース・フォーミュレーション）」などと呼ばれています。しかし私は「アセスメント」というふうに端的に表現するほうがよいのではないかと考えています。そして第2のポイントは，DSM-Ⅳといった標準的な診断マニュアルによる診断と整合性を保つということです。DSMの診断が内包されるような形で，CBTのアセスメントが実施できればよいのではないかと思います。たとえばあるうつ病の人のアセスメントを行うのであれば，その人の認知，行動，身体，気分・感情の4領域でみられる現象をCBTではみていきますが，それらの現象の

表現が，DSM と共通していれば，アセスメントシートと DSM を一緒に参照した場合に，「あなたはこういう体験をまさに今しているわけだけれども，これは医学的な診断基準に照らし合わせると，『大うつ病性障害』ということになるようですね」ということが言えたりもするわけです。

　第3のポイントの，「CBT の基本モデルに基づく」というのは，当然のことです。CBT の基本モデルのおさらいをしておきましょう (p.8, 図1-2参照)。このようなモデルに沿ってクライアントの体験を把握する，ということ自体が，CBT のアセスメントであると言ってもよいかもしれません。

　そして今日お渡ししたアセスメントシートが，アセスメントのためのツールとして使えます (p.26, 図1-11参照)。

　そして次のポイントとして，アセスメントは1回やったらおしまい，というものではなく，常に参照し，変化に応じて改訂され続ける営みであるとお考えください。面接を続けていけば，その間にいろいろな変化は当然起こります。状況が変わるときがあれば，認知が変化する場合もありますし，これまでとは違う感じ方や行動の仕方が現れるかもしれません。そういう変化を把握したら，それが全体的な循環にどういう影響を及ぼしているかまで検討し，常にその全体像を把握しようとしていくのです。そして目で見てもわかるように，必要であればツールに書き足したり，新たにツールに書き込んだりしてみるのです。

　シンプルな例を挙げれば，たとえば初期段階で，「すごく大変な悪循環にはまりこんでいる」ということと，その悪循環の具体的なあり方をアセスメントし，ツールに記入したとします。今度は終結のときに，もう1枚記入してみるとよいのです。そうすると，そのときどきのクライアントの状態もわかりますし，いかにその人が変化したか，ということもその2枚を見比べることによって，実感としてよく理解できます。この「実感としてよく理解できる」というのがアセスメントでは重要です。換言すれば，「実感としてよく理解できる」ようなやり方で，アセスメントをしていかなければなりません。

表 3-9. 心理教育の定義

心理教育：自分自身の抱える諸問題について，そして CBT カウンセリングについて，クライアントの理解を深めるために実施される教育的コミュニケーションのこと

表 3-10. 心理教育のポイント

1. クライアントの体験や理解力に合った説明をする
2. 援助的であること
3. 理論的根拠やエビデンスを示す
4. 継続されるプロセスである

そして最後のポイントとして，アセスメントの際，可能であれば尺度や数値を併せて使うことが望ましいです。うつの人だったら，たとえばベックの抑うつ尺度（BDI：Beck Depression Inventory）などのきちんと標準化された尺度が使えますし，そういうものを使わなくても，たとえばとても不安が強い人の場合には，「今は最高に不安だから，不安度100％」「だいぶ不安が改善されてきて，このごろは不安度が30％から50％くらい」など，主観的なスケーリングでもよいのです。とにかく数値を使ってデータ化，客観化を試みるのです。

認知行動療法における心理教育

次に心理教育についてです。定義をご紹介します（表3-9）。

この定義で大事なことは，CBTにおける心理教育の対象が2つあることです。ひとつはクライアントが抱えている問題についての教育です。もうひとつが，CBTそのものについての教育です。CBTの目標だったり，進め方についても教育的に伝えるのです。

心理教育のポイントは，表3-10のとおりです。

1つ目のポイントは，まずはクライアントの体験に合った，そしてクライ

アントの理解力に合わせた教育をするということです。CBT は知的レベルの高い人に向いているという誤解もあるようですが，そうではなく，その人のレベルに合った進め方をすればよいわけで，心理教育についても同様です。2つ目は，何のための心理教育かというと，当然援助に役立てるためですから，援助的な効果を持つように実施する必要があります。たとえばクライアントがうつ状態であることを伝える場合も，「あなたはうつですよ」と宣告するのではなく，自分がうつ状態だということを知らされたクライアントが，知らされたことによって，何かしら楽になったり希望が持てたりするように伝えなければならないということです。クライアントのサポートになるような説明をするということです。

　3つ目の，「理論的根拠やエビデンスを示す」というのも重要です。CBT における心理教育によってまず何を伝えるかというと，カウンセラーの考え方や価値観ではなく，理論的な根拠やエビデンスです。たとえば CBT では普通，ホームワークを出します。ホームワークは，セッションとセッションの間をつないだり，クライアントの生活そのものを CBT で効果的に扱ったりするという役割を果たす，というのが CBT の理論です。「ホームワークをやったほうがよい」というカウンセラーの考えではなく，そのような理論を伝えればよいのです。さらにホームワークをきちんとやってくるクライアントと，そうでないクライアントでは，実際にやってくるクライアントのほうが CBT の効果が出やすいといった実証的な研究もあり，そういうこともクライアントに説明するのです。そういう説明によって，カウンセラーが「ホームワークをやったほうがよい」とあえて言わなくても，クライアント自身が「そういうことなら，ホームワークをやってみよう」と考えるようになるのです。そして最後のポイントはアセスメントと同じで，心理教育も一度説明したからおしまい，ということではなく，継続して行っていくべきプロセスだということです。

表3-11. 抑うつを主訴とするクライアントに対して，何を教育する必要があるか？

1. うつ病およびうつ病の診断について（DSM-Ⅳ）
2. クライアント自身の抑うつについて
3. うつ病の治療について：薬物療法，心理療法など
4. 認知行動療法について：うつ病への適用。基本モデル。進め方。目標。その他
5. 認知行動療法において，クライアントが求められること

うつ病のクライアントに対する心理教育

　うつの人を例に挙げて，もう少し心理教育について説明します。抑うつを主訴として来談するクライアントに対して，どんなことを教育する必要があるでしょうか？　大体，表3-11の項目についての説明をする必要があるでしょう。

　1つ目は，診断についてです。うつを主訴として来談したとしても，実際にはいろいろあります。大うつ病性障害に該当する人もいれば，気分変調性障害に該当する人もいますし，そういう診断基準には当てはまらないけれども抑うつ症状に悩まされている人もいます。どこまで診断を明確化するかはケースバイケースですが，うつにはどういう症状があって，どういう診断基準に該当すると医学的にうつ病ということになるか，ということについて心理教育するのです。ここで大事なのは，カウンセラーが診断するのではなく，病気や診断について教育するということです。この場合実際によくやるのは，DSMのミニ版を手元に置いておき，診断基準を実際にクライアントに見せて，「これは当てはまりますね」「これは該当しませんね」と一緒に検討するということです。操作的な診断の仕方があるんだということを，実際にクライアントの症状や問題をあてはめながら知らせていくのです。クライアントのなかには，うつ病という大変な「心の病気」にかかってしまったと，大雑把な，あるいは誤った知識によって大変苦しんでいる人もいます。しかし，たとえば食欲はこうだ，睡眠はこうだ，意欲はこうだ，というふうにひとつひとつチェックしていった結果，そういう診断に該当すると判断する，とい

う手順を知ることによって，救われる人がたくさんいます。

　2つ目は，1つ目とも重複する面もありますが，そのクライアント自身の抑うつについて，より詳しく説明する必要があります。たとえば，同じうつでも，眠れなくなる人もいれば，過眠症状が出てくる人もいます。一般的には，うつだと不眠になると理解されているので，過眠症状が出ている人は，そういう自分をものすごく責めています。「自分はうつなんだけれども，ずっとだらだら寝てしまって，だらしなくて，やる気が出てこなくて，こんなに寝てばかりいる自分は怠け者だ」というふうに責めている人に，たとえば「あなたの過眠は，怠け者だからとかそういうことではなくて，うつによる症状として出ているのではないでしょうか？」というような話をすると，自分に起きている変化を，うつの症状として理解できるようになるため，こういった話によって，教育的な効果と援助的な効果が得られるのです。自殺念慮などについても同じです。「生きていたくないから，死にたくなる」という理解から，「うつの症状として，自分は死にたいと思ってしまうんだ」と理解できることで，楽になる人は結構います。

　3つ目に，うつ病の治療についても心理教育ができます。現在，治療についてはかなりのデータが出ています。薬物療法の効果について，そして心理療法，特に認知療法や認知行動療法の効果について，さらにそれらを併用した場合の効果について，また各方法を用いた場合の再発率や再発予防効果について，必要であればデータを示して説明することができます。私は医師ではありませんから，目の前のクライアントに薬を処方することはありませんが，一般的な説明として抗うつ薬についてお話しすることは可能です。特に薬物療法とCBTを併用した場合の再発率の低さについて，データを見せて説明すると，治療や面接に対してモチベーションが上がるクライアントは多いです。

　4つ目に，CBTを受けようというクライアントに対しては，CBTそのものについても具体的に教育的説明を行います。うつ病への適用の仕方や，基本モデルについて，そしてCBTの進め方について，説明します。またCBT

の目標についてもお話しします。つまりCBTとは，自分の現状や自分の抱える症状をよりよく理解し，それに自分で対処できるようにするための考え方や技法をクライアント自身に学んでもらう，教育的なカウンセリングなのだ，だからこそ再発予防にも役立つのだ，と説明するわけです。

認知行動療法がクライアントに求めることも心理教育として伝える

そして5つ目に，CBTではクライアントにも，さまざまなことをしてもらう必要があります。たとえばカウンセラーのチームメンバーとして，疑問に思ったことは何でもフィードバックしてもらう必要がありますし，ホームワークをやってきてもらう必要もあります。またカウンセラーやセッションに対しても率直に感想を述べてもらう必要があります。たとえばセッション中にカウンセラーにされたある質問によって不快な気分になったとしたら，それをカウンセラーに教えてもらう必要があるのです。「『カウンセラーによる質問によって不快になった』といった体験は，CBTでは格好の素材になるため，言いづらくても言ってもらうと非常に助けになるのでぜひ遠慮なく言ってほしい」といったことを伝えるのです。このように，CBTではクライアントに何が求められているか，ということを伝えるのも心理教育の一環です。

協同によるアセスメントと心理教育

そして重要なのは，CBTにおけるアセスメントや心理教育というのは，カウンセラーが一方的にクライアントに提供するものではなく，カウンセラーとクライアントとで協同して創り上げていくものだ，ということです。たとえば症状のアセスメントひとつとっても，先ほどの対話の例のように，クライアントからデータを出してもらって，それをモデルに沿って全体像を創り上げていかなければできないわけです。カウンセラー側の推測で，カウンセラーがひとりで，「ああではないか」「こうではないか」と仮定するものではなく，カウンセラーとクライアントのコミュニケーションのなかで理解し，

創造していくものなのです。そしてこのようなことも，心理教育としてクライアントに伝えるのです。

アセスメントシートへの記入

それでは先ほどは，アセスメントシートに自分の体験を記入していただきました（p.26, 図1-11参照）が，今度はこのアセスメントシートに，これから紹介するYさんと私との対話を聞いていただきながら，カウンセラーになったつもりで，Yさんの体験を記入してみていただけますか？　今日はこのシートを3枚，皆さんにお配りしています。1枚は先ほどご記入いただきました。もう1枚を，今使っていただきます。これから紹介するのは，2回目のセッションの途中での対話です。

Co：今までおうかがいしたことを，少しまとめてみましょう。Yさんは，会社に行って，仕事が溜まっているのを見て，「何もやりたくない」「やってもどうせ終わらない」と考え，50％くらい落ちこんでしまう，ということでした。
Y：その通りです。
Co：そして，書類仕事に全く手をつけられないまま，外回りに出てしまうのでしたね。
Y：そうです。
Co：次にいつ，ご自分の席に戻ることが多いですか？
Y：外勤から戻るのが，大体夕方過ぎです。
Co：席に戻って，また山積みの書類が目に入りますか？
Y：嫌でも目に入りますね。
Co：そして先ほどのお話では，「また今日もやらなかった」「明日こそやろう」と考えて，その日は結局，書類仕事はそのままになってしまう，ということでしたね。
Y：そうです。それがいけないんですけど。
Co：そういうことが何日か続くと，その後，どういうことになるのですか？
Y：大体は，上司に叱られるハメになります。

Co：どんなふうに？
Y：「いい加減にしろ！」とか「何回言ったらわかるんだ？」とか。
Co：そんなふうに叱られて，Yさんはどういう状態に？
Y：ひどく落ち込みます。そして，ますます何もできなくなります。
Co：そのときの落ち込み度は，何十％くらいですか？
Y：90％くらいです。
Co：そのときYさんの頭に浮かぶのは，どんなことでしょうか？
Y：自分を責めてばかりです。
Co：たとえば，どんなふうに？
Y：「どうして自分はいつもこうなんだろう」とか，「ああ，また同じことをやってしまった」とか，「自分は本当にダメ社員だ」とか……。いろいろです。
Co：そう考えると，どんな気分になりますか？
Y：さらに落ち込みます。
Co：そうでしょうね。身体は，どんな感じになるのでしたっけ？
Y：いつもと同じです。すごくだるくなって，眠たくなるのです。あと胃がズシンと重たくなる。
Co：そうでしたね。そしてYさんはどうするのですか？　書類はどうなってしまうのですか？
Y：もうとても書類を作ろうとは思えなくて，でも机の上に置いておくわけにもいかず，家に持ち帰ります。そして週末の休みをつぶして家でやるのです。
Co：休みをつぶして，家で書類を作るのですか？　それはYさんにとって大変なことではありませんか？
Y：ええ。でもここでやって出さないと，いよいよ立場が危うくなりますから。もっと大変になってしまいます。
Co：休日に，溜まった書類仕事を何とかやり終えたとき，Yさんはどんなふうに感じたり，考えたりするのですか？
Y：疲れますが，とりあえずホッとします。今度こそ，こまめに書類を作って出そう，と心に誓います。でも……。
Co：でも？
Y：また同じことを繰り返してしまうのです。

以上です。これはカウンセリングを始めたばかりの段階ですから，Yさんがそのときにどのような状態であるのかを知りたいので，いろいろな質問をしてデータを出してもらっているときのやりとりでした。アセスメントシートに書いてみて，いかがでしたか？ さっと大まかに書けた方もいれば，丁寧にすべてを書き込もうとして追いつかなくなった方もいらっしゃると思いますが，大体の方は，何となくいろいろな欄にあれやこれやと記入できた，という感じではないでしょうか。重要なのは，ツールの各欄にきちんと書き込んできれいに完成させるということではなく，話を聞きながら，少しずつ該当する箇所に記入していき，ある程度話が聞けた時点で，何となく全体像が見えてくる，自然とクライアントの体験が循環的に理解される，ということです。

アセスメントシートの記入例：事例1のYさん

では記入例をご紹介します（図3-2）。これはお手本とかモデルということではなくひとつのサンプルだと思ってください。

先ほど申しましたように，出てきた情報をどこに記入したらよいのかわからないときは，とりあえずどこかに記入しておいたり，迷う場合は両方に入れておけばよいのです。大事なのは全体像が見えるということです。

それから今のやりとりでは，時間の経過が含まれていました。そういう場合は矢印を使ったり，番号を記入するなどして，その経過がわかるように書いてあると，その人の体験のプロセスが理解しやすくなります。ひとつの場面だけ1枚書いてもよいし，ある体験のプロセスを記入していってもよいのです。

私はたまたまコーピングのところに，「休日をつぶして，家でやる」と書きましたが，これは行動ですから，行動の欄に記入されていてもよいのです。両方に入れてもよいのです。サポート資源のところには記入していませんが，たとえばサポート資源の欄に「休日」と書き込んであってもよいのです。

ツールへの記入は，このような感じです。クライアントが話したことを，

アセスメントシート
自分の体験と状態を総合的に理解する

状況
ストレスを感じる出来事や変化
- 席に書類が山積み
- 手をつけられない
- 外回りに出る→戻る

認知：考えやイメージ
「やりたくない」「どうせ終わらない」
→「今日もやらなかった」「明日こそ」
→自責「どうしていつもこうなのか」
「またやってしまった」「ダメ社員だ」

気分・感情
落ち込み
50%→90%

身体的反応
だるい　眠気

行動
手付かず→外回り→手付かず
→持ち帰る

コーピング（対処）
- 休日をつぶして、家でやる
- 今度こそ、と考える

サポート資源

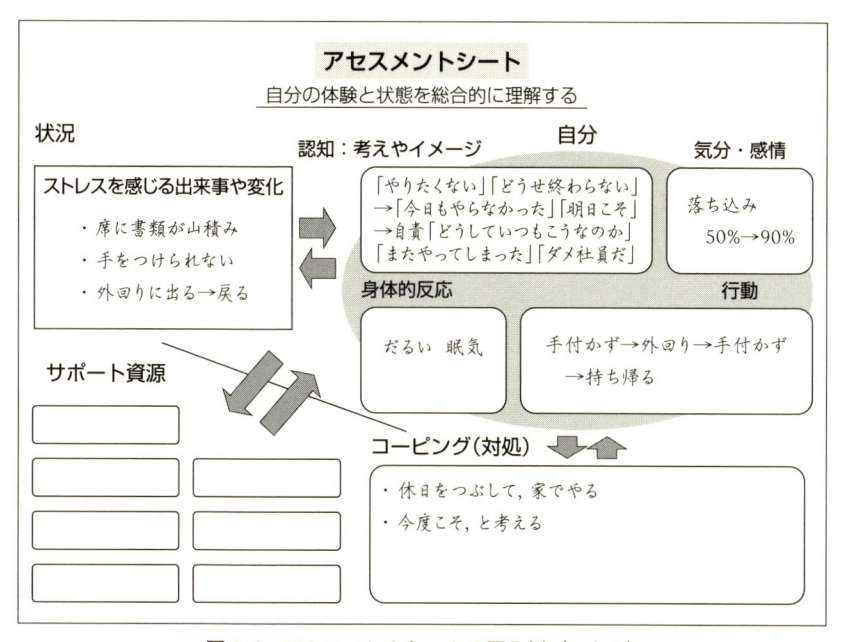

図3-2．アセスメントシートの記入例（Y さん）

一字一句聞き漏らさず，書き漏らさず，きれいな字がびっしり埋まった完璧な図を作ることが目的ではなく，クライアントの話を聞きながら，「じゃあ，こうなるんですね」「ああ，次はそうなんですね」と適当に書き入れていって，最終的に循環が見えてくればよいのです。そして何のためにこのようなシートに記入するかというと，クライアントとアセスメントを共有したいからなのです。ですから，まずクライアントに具体的に話をしてもらって，それを記入することで外在化し，その人が今どういう状態なのか，どういう体験をしているのか，ということをクライアントとカウンセラーとで一緒に理解して，共有できればよいのです。

悪循環を一緒に確認する

そして書き込まれたら終わりということではなく，書き込まれたシートを

クライアントと一緒に眺めながら，もう一度まとめながら確認するのです。どうするのかというと，「あなたのお話をこれに記入してみると，こういうものができましたよね」とまず一緒に眺めます。そして「では，ちょっとこれを見ながら，もう一度一緒に確認してみましょうか」という感じで切り出して，「まず席に仕事が山積みになっていて，手をつけられないわけですよね」「それでYさんの頭には，『やりたくない』とか『どうせ終わらない』という考えが浮かんできたのですね」「それで結局仕事に手をつけられず，落ち込んだ感じがして，身体もちょっとだるい感じになって，そこで外回りに行くのですね」……といった感じで，記入されたものを2人で眺めながら，プロセスを順に辿っていくのです。

　こうやって記入されたツールを一緒に丁寧に確認するだけで，大体は悪循環そのものを確認し，共有できます。そして，「こういう悪循環のパターンが，どうも繰り返されているようですね」ということも確認できます。つまりクライアントの具体的な話に基づいてアセスメントシートに記入し，それを一緒におさらいするだけでも十分にアセスメントとその共有ができるわけです。

アセスメントシートに基づく心理教育

　さらにこのシートを一緒に見ながら，心理教育を行うこともできます。

　たとえばうつ病と診断されているYさんに対し，「うつ病というのは，専門的には『気分障害』と呼ばれている病気のひとつです」と切り出して，「何で気分障害と呼ぶかというと，気分の落ち込みがあって，それがとてもつらくて，だからこそいろいろなことができなくなってしまう。ですから気分障害と呼ぶのですが，実感としておわかりになりますか？」という感じで，説明することができます。また，「では気分障害に対して，認知行動療法がどのように効果があるのかということについて説明してもいいですか？」と切り出して，「落ち込むという気分や，だるくなってしまうという身体の反応は，Yさん自身で直接コントロールできますか？」と聞くと，クライアントは当然それができなくて困っているわけですから，「できません」と答えます。

第3章　認知行動療法の基本スキル　71

　これに対し、「そうですよね。気分や身体はつらくても、自分でどうにもできないから、困ってしまうんですよね。だるくなっちゃったものは、いくら自分で『だるさが消えろ』と思っても、もうだるいわけですから、しょうがないですよね」と同意できます。こういうふうに言うと、クライアントも、本当にその通りという感じでうなずいたりします。
　さらに、「仕事が溜まっているという最初の状況を、時間を戻して溜まっていないというふうに変えられればいいですけれども、それも難しいですよね」と言うと、クライアントは、さらにうなずきます。要するにここまでで、ストレスのもとになった状況、気分・感情反応、身体反応は、それが起きてしまったら、意図的なコントロールが難しいという理解を共有したことになります。ここではじめて、認知と行動について説明し、なぜ「認知行動療法」と呼ぶのか、ということについても説明するのです。

「認知行動療法」についての心理教育

　「認知というのは、頭に浮かぶ考えやイメージのことですが、たとえば『やりたくない』という考えは自然に出てきたものですから、それは仕方のないこととして、でも『やりたくない』と考えた後に、どう考えるかという次の認知は、自然に任せることもできれば、自分で考え出すこともできるのです。たとえば、『やりたくない』の後に、『でも、こういうやり方で、これだけはやっておこうかな』と考えてみることもできるし、『やりたくないものは、やりたくない。絶対にやるもんか』と思ってみてもよいわけです。上司に叱られた後、『どうしていつもこうなのか』と自分を責める考えは自然に出てきたかもしれませんが、『じゃあ、いつもこうなってしまうパターンをちょっと変えてみようかな』と新たに考えてみることもできるし、『どうしていつもこの上司は怒ってばかりいるのか』と上司について考えてみてもよいのです。『仕事が多いんだからしょうがない』と考えてみてもよいし、『上司に仕事が多すぎることを、ちゃんと説明してみようか』と考えてみてもよいのです。つまり、自然に出てくる考えやイメージの後は、そのまま自然に任せ

ておくこともできれば，自分で新たな考えを出してみることもできるのです。ここまでよろしいですか？」といった説明をすると，皆さん，理解してくれます。

さらに行動についても，「たとえば仕事に手をつけないという行動の後に，ちょっと手をつけてみるということもできるし，今は手をつけないという選択もできるし，上司に文句を言ってみるということもできますね。溜まりに溜まった仕事を，Yさんは持ち帰って家でやるという行動を取っていますが，残業して会社でやるということもできるし，もっと怒られるのを覚悟で持ち帰らないということも，やろうと思えばできるし，持ち帰ってもやらないという行動を選ぶこともできますよね」というように説明できます。

「認知と行動は選択ができる」と説明する

そして「このように認知と行動は，自然に出てくるもの，自然とやってしまうものもありますが，自分であれやこれやと選択できるものでもあるのです。そこが状況や，気分や，身体と違うところです。悪循環というのは，すべての要素を全部変えなくてはならないということではなく，どこか突破口を見つけてちょっと工夫をすれば，それだけで少しずつ抜けられるものですが，その突破口として，自分で選択したり工夫したりできる認知や行動に注目し，どんな工夫ができるかな，と検討することだったら，私たちにもできるのです」と伝えます。「認知行動療法とは，名前は堅苦しいですが，実はこのような悪循環に対して，認知と行動であれば選択ができる，反応の幅を広げられる，新しいスキルを身につけられる，それを突破口として悪循環から抜け出すことができる，というところから，そう呼ばれているのです。今の私の説明に対して，どう思われましたか？」とCBTについて説明するのです。このような説明の仕方であれば，どんなクライアントでも理解してくれます。

つまり「認知と行動のパターンを少し変えることによって，今の悪循環が改善され，結果的に気分や感情や身体反応が緩和されていく，状況も改善さ

れていく，それを求めていくのが認知行動療法なんですよ」という，そういう説明です。そして「CBT では，認知と行動のパターンを，自分で把握して自分で改善するためのスキルを身につけていただくものです」と説明し，「そのようなスキルを身につけることによって，カウンセリングが終わった後は，自分でそのスキルを使うことができるから，再発も予防できるのです」と伝えるのです。さらに伝えておしまい，ということではなく，こちらが伝えたことについてどう考えるかということをクライアントに尋ねて，カウンセラーの心理教育がうまくいったかどうかも確認します。たいていのクライアントは，ここまできちんと説明すれば，よく理解し，「CBT をやってみたい」と言います。

心理教育によってモチベーションを上げる

それでは以上のようなアセスメントの共有と，うつや CBT についての心理教育がひととおり終わった後の，Y さんと私のやりとりをご紹介します。

Co：以上がうつと，認知行動療法についての説明です。いかがでしょうか？ わかりづらいところなどはありませんでしたか？
Y：いいえ，よくわかりました。
Co：今の私の説明について，どう思われますか？
Y：悪循環ということが，よくわかりました。先生がおっしゃるように，ボクが自分で悪循環を断ち切れるようになれるといいのですが。
Co：自分でできるようになる，というのが大切ですよね。自分で悪循環のパターンを変えられれば，カウンセリングを受けなくても，自分で認知行動療法ができますから。また実際に皆さん，そうできるようになっています。そしてそれができれば，先ほどお話ししたとおり，再発を予防できます。それが一番重要なことかもしれません。
Y：そうなれたら，ありがたい。
Co：では，今のうつ状態の改善と，再発予防を目標に，認知行動療法を始める，ということでいかがでしょうか？

Y：ぜひお願いしたいと思います。
Co：では今回やってきていただきたいことは……（略）

　このように，CBTのモデルに基づき自分の状態をよく理解し，カウンセラーと共有し，自分の状態やCBTについて十分な説明を受けて，回復のイメージを具体的に描けて，さらに「それを自分でできるようになるのがCBTなんだ」という説明を受けるといったことを初期段階できちんとしておくことで，モチベーションの上がるクライアントは大変多いです。ここまでがアセスメントと心理教育というスキルについての説明です。

参加者：CBT的なアセスメントの仕方はよくわかりました。ただ，医療機関以外のところで，どこまで医学的なアセスメントを突っ込んで深く聞く必要があるのか，ということについて，今，実際に私が揺れているところなんですけれども，そこはどのように考えますか？

伊藤：カウンセラーが働いている臨床の現場，面接をする現場によって，またどういう職種や立場で面接をするかによって，焦点を当てるべきところが変わってくるのだと思います。Yさんの例は，医療機関の場合ですから，うつについて詳しく聞いたり説明したりしていましたが，私も企業や学校で面接をしていたことがあるので，ご質問の意味はよくわかります。たとえば私が企業にいたときは，診療所で面接をしていたわけではなく，むしろ仕事や職場の問題を扱うといった立場でしたから，うつ病の社員が相談に来た場合でも，うつについて診断基準まで参照して細かく聞くということはむしろ少なくて，その落ち込みが仕事上のパフォーマンスにどのような影響が出ているのかとか，それがさらに家庭生活にどのような影響が出ているのかとか，要するに仕事や職場にフォーカスしながら悪循環を見ていきますし，大学の学生相談なら，その落ち込みが学生生活においてどう悪循環を起こしているのかを見ていくことが多かったです。でもこのモデルに基づいて，クライアントさんの体験を循環的に見ていく，その悪循環の解消の仕方をCBTの枠組みで考えていく，ということ自体は，どこで面接していても同じようにできるかと思いますので，基本的なス

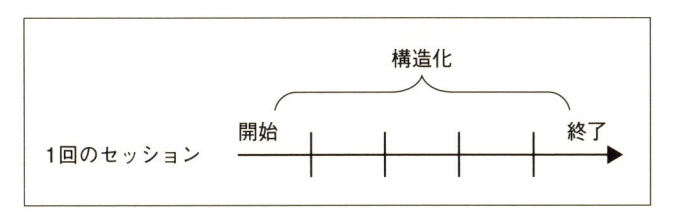

図 3-3. 認知行動療法におけるセッションの構造化

> キルとしては，さほど大きな違いはないと考えます。このような回答でよろしいでしょうか？
> **参加者**：はい，ありがとうございました。

●基本スキル 3．セッションの構造化

　基本スキル 3 の「セッションの構造化」に入ります。ここが今日のワークショップのメインです。基本原則 5 の節で示した図の一部をもう一度提示します（図 3-3）。
　CBT の面接を一回一回，きちんと丁寧にやり通すための一番重要なスキルが，1 回のセッションをいかに構造化するかということなのです。そこでこれからセッションの構造化についてまず具体的に説明し，その後実習を行います。

認知行動療法における標準的構造化セッション

　表 3-12 に示すのが，CBT の標準的な構造化セッションの流れです。私は現在，45 〜 50 分間のセッションを実施していますが，これは 30 分のセッションでも 15 分のセッションでも，標準的な CBT の構造化セッションの流れは同じです。
　セッションの最初に，導入のためにいくつかのことを行います。まず「橋渡し」といって，前回から今回にかけてどうだったのかということを簡単に

表 3-12. 認知行動療法における標準的構造化セッション

```
1. 導入…橋渡し，現状チェック，ホームワーク確認，その他
   ↓
2. アジェンダ設定
   ↓
3. 各アジェンダについての話し合い
   ↓
4. まとめの作業…セッションのまとめ，フィードバック，ホームワーク設定，次回アジェンダの予告，その他
```

チェックします。次に現状がどうかおおまかにチェックして，それからホームワークの実施状況についても簡単に把握します。ここではすべて簡単に把握するにとどめて，内容を検討することはしません。たとえばホームワークにしても，やってきたか，どの程度やってきたか，あるいはできなかったのか，という実施状況について確認するだけで，その内容などについて詳しく検討するのは，アジェンダを設定して，本題に入ってからです。

その次にアジェンダ設定というのを行います。今日最初に少しお伝えしましたが，アジェンダとは，その時間に扱う項目，話題のことです。そのセッションで何について話し合うのか，何について検討するのか，アジェンダをまず設定して，それから各アジェンダについて，ひとつひとつ検討していくのです。

構造化セッションの最後が，まとめの作業です。その日のセッションの全体を振り返るのです。そのセッションでやったことをここでもう一度，「今日はこんなことをやりましたね，ここまで進みましたね」というふうにまとめたり，クライアントからフィードバックをもらったり，カウンセラー側からフィードバックしたりします。そしてホームワークを設定し，可能であれば次回のアジェンダについて予告したり検討したりもします。

1回のセッションの流れは大体こんな感じです。こういうふうに時間を段階的に使うことを，セッションの構造化と呼んでいるのです。そしてこうい

表 3-13. Yさんとのあるセッションにおける構造化とその内容

1. 導入…抑うつ度のチェック。前回の簡単な復習。ホームワークの実施状況の確認，その他
   ↓
2. アジェンダ設定
   ①自動思考の同定（ホームワーク）
   ②自己観察結果の検討（ホームワーク）
   ③面接目標のさらなる具体化（前回合意）
   ④妻とのこと（Yさんの提案）
   ↓
3. 各アジェンダについての話し合い
   ①10分，②と③約25分，④5分
   ↓
4. まとめの作業…まとめ，フィードバック，ホームワーク設定（職場での自己観察とそれに基づく自動思考の同定），次回の予告

うふうにセッションを構造化して使うことについても，初期段階に心理教育としてクライアントに伝えます。

セッションの構造化の具体例：事例1のYさん

Yさんとのあるセッションにおける構造を，具体例としてご紹介します（表3-13）。

これは確か4回目のセッションの構造でした。まず導入の段階では，BDI（ベックの抑うつ尺度）を使ってYさんの抑うつ度を必ずチェックしていました。それから毎回，「前回こんなことを話し合いましたね」と簡単に復習をしていました。それからホームワークの実施状況について確認をしました。いつも彼は，メモをきちんと取ってきてくれていましたので，今回もメモがあるということを確認する程度です。

そしてアジェンダを設定します。このセッションでは4つのアジェンダが設定されました。アジェンダ①とアジェンダ②はホームワークでやってきて

もらったことに基づくアジェンダです。アジェンダ③は，前回のセッションですでに「次回，目標をさらに具体化しましょう」と合意されていたアジェンダです。このようにホームワークや予めの合意があると，アジェンダを決めやすいです。そしてアジェンダ④はYさんからの提案です。「今日は，妻とのことでちょっと相談があるのですが，いいですか？」と言われたので，それをアジェンダに入れるかどうか検討して，入れましょう，ということになったのです。

「アジェンダ」という用語は，セッションでそのまま使うときと使わないときがあります。クライアントの好みによります。「アジェンダ」という用語をあえて使うのを好む人もいれば，そんな聞いたこともない言葉は使いたくない，という人もいます。そういう場合は，「今日の話題」とか「今日のテーマ」とか，別の表現を使えばよいのです。

アジェンダの時間配分について

次にすでに決まった4つのアジェンダそれぞれについて，話を傾聴したり，話し合いをしたり，教育的説明をしたり，練習をしたりしました。このときは，アジェンダ①は大体10分，アジェンダ②とアジェンダ③は合わせて約25分，アジェンダ④に5分くらいの時間を使いました。この時間配分は，アジェンダの数にもよりますが，大体おおまかに決めておくとよい場合もあります。

たとえば，アジェンダ④に使った時間は5分と言いましたが，これは残り時間が5分しかなかったから5分だったのではなく，アジェンダ設定のときに，Yさんが「妻の話をしたい」と言ったときに，話し合っておいたのです。「その奥さんの話は，ちゃんと時間を取っておうかがいしたほうがよいお話ですか？」と私から聞いたところ，「いいえ，それほど重要なことではないんです。ちょっと先生にお聞きしたいことがあるので」という回答だったので，「どれくらい時間を取っておけばよいでしょうか？」と再度私から尋ねると，「5分もあれば十分だと思います」とYさんが言いました。さらに先

表3-14. セッションを構造化する目的と効果

1. 限りある時間を有効に使う
2. 重要な話題に集中できる
3. カウンセラーとクライアント双方に安心感をもたらす
4. 1回のセッションごとに,「完了感」をもたらす
5. クライアントが構造化のスキル（時間やエネルギーの配分）を習得する

に聞いたほうがよい話か，後で聞いたほうがよい話か，Yさんに尋ねたところ，「最後でいいです」ということでしたので，第4のアジェンダとして5分間時間を取っておく，ということが最初に合意されたのです。

このセッションでは予定通り4つのアジェンダについて話ができ，そこで最後の5分間くらいを使ってまとめの作業を行いました。まとめの作業では，このセッションで行ったことを簡単に要約し，セッションについてYさんと私とで簡単にフィードバックしあいました。そして新たなホームワークを設定し，次回のアジェンダについて私から簡単に予告をして，セッションを終えました。構造化されたセッションというのは，このように進行します。

セッションを構造化する目的と効果

それでは，セッションをこのように構造化する目的と効果について考えてみましょう（表3-14）。

1つ目は，限りある時間を有効に使うということです。セッションにどれくらいの時間が割けるかはケースバイケースでしょうが，とにかくその使える時間をできるだけ大事に使いたいのです。このことは，クライアントにも最初に説明します。「あなたとの限りあるこの時間を，最大限有効に使うために，こういうふうに段階的に面接を進めていくんですよ」と，心理教育を行うのです。

2つ目の「重要な話題に集中できる」というのも非常に重要です。セッションではいろいろな話題が出ますが，話題の重要性や，その話題にどの程度

時間とエネルギーを割く必要があるか，というのは，話題によります。皆さんもご経験があるかと思うのですが，「じゃあ，今日はこれで終わりにしましょう」と言って，席を立って，お見送りしましょうというその時に，「実は，昨日，自殺未遂したんです」などと，セッション中に一番聞いておくべき重大な話を持ち出すクライアントがいます。このようなことを防ぐためにも，重要な話題はアジェンダ設定のときに，きちんと提案してもらって，セッションの時間を使って落ち着いて検討することが大事なのだということを，これも心理教育としてクライアントに伝えておくとよいのです。

3つ目は，カウンセラーとクライアントの双方に，安心感をもたらすということです。構造化されているということは，セッションの「枠組み」がきちんとあるということです。枠組みがあると安心できます。これはツールでも同じで，CBTのツールはすべて記入するところに枠があります。「アセスメントを，真っ白い紙に自由に書きなさい」と言われるのは，一見自由でよさそうに思われますが，実際は，「いったい，どこに何をどう書けばよいのかしら？」と戸惑ってしまうと思うのです。こっちにはこれを書いて，あっちにはあれを書いて，という枠が提示されていると，それに従えばよいのですから，安心して書き込めるのです。ただし，構造化にも度合い，すなわちおおまかな構造もあれば，ガチガチの細かい構造もありますので，その辺の度合いについては，その人の好みややり方もあるでしょうから，ケースバイケースです。いずれにしても，大雑把であっても細かくても構造があることで，カウンセラーもクライアントも，それに守られていることで安心できます。

4つ目は，セッションが構造化されていると，1回のセッションを終えるごとに，「完了した感じ」を抱けるということです。一仕事終えた感じ，小さな達成感と言ってもいいでしょう。自分たちで計画した一定の手順をきちんとやり終えたのだ，というポジティブな感覚です。

クライアント自身が構造化のスキルを身につける

　そして5つ目が，構造化されたセッションを繰り返し体験することによって，クライアント自身が，構造化のスキル，すなわち限りある時間やエネルギーを上手に配分するというスキルを習得できるというものです。これが一番重要なことだと思います。カウンセリングを受けに来るクライアントは，混乱していたり，落ち込みや不安でどうしたらよいのかわからなくなってしまっていたりすることが多いです。つまり時間やエネルギーを自分でコントロールして上手に使うということが，できなくなってしまっているのです。時間やエネルギーのセルフコントロールというのはスキルの一種ですが，具合が悪くてもともと持っているスキルを発揮できなくなってしまっている人と，このようなスキルそのものが不足している人と，両方いるとは思いますが，カウンセラーと一緒にセッションの構造化を繰り返すことで，このようなスキルを取り戻す，または習得することができます。構造化のスキルをクライアントが習得できれば，終結後にも，生活や仕事で，自分の時間やエネルギーを上手にコントロールしていけるようになるため，その人の生活の質を上げ，再発を予防することにつながるのです。このようなことも，初期段階にクライアントに心理教育として説明します。

アジェンダ設定が重要

　ここまでが構造化の話でしたが，セッションを構造化するために特に重要なのが，アジェンダ設定です。アジェンダ設定とは，表3-15のことを言います。
　それではこれからアジェンダ設定の手順を説明し，その後，ロールプレイをやってみようと思います。何人かの方に，クライアント体験をしていただく予定です。

アジェンダ設定の手順

　ではアジェンダ設定の手順について説明します。カウンセラーもクライア

表 3-15. アジェンダ設定とは

アジェンダ設定：セッション開始時にカウンセラー，クライアント双方の希望（そのセッションで話し合いたいこと，目的とすること）を出し合い，協力してアジェンダの項目と順序（必要ならば時間配分も）を決めていく。決められたアジェンダに沿って，その後の話し合いを進める

ントもそれぞれ，セッションの前に，「今日はこのことについて話し合いたい」「今回は，このスキルについての練習を進めたい」といった思惑や希望や計画を持ち，それに基づいて資料やツールを用意したりします。セッションのできるだけ早い時間帯に，各自の思惑や希望や計画をお互いに出し合って，その日のセッションで実際に扱うアジェンダの項目と順番を，協力して決めていきます。「協力して決める」というのがポイントです。カウンセラー側が一方的に，「今日はこれとこれをやります」と宣告するわけではなく，また，クライアントが「この話をしたい」というのに対し，「では，そうしましょう」と従うわけでもなく，お互いに希望を出し合い，「じゃあ，今日はこうしましょう」と合意してから，話し合いに入るわけです。先ほどのYさんの例でもありましたが，必要であれば時間配分についてもある程度目安を立てておきます。

　アジェンダの項目と順序が決まれば，それが「その日のセッションの計画」になるので，その計画に沿って，話し合いを進めていきます。一番理想的なのは，アジェンダ設定で決められた計画に沿って話し合いが進み，最後の数分間で「まとめの作業」を行うという流れです。それができるとセッションが非常にスムースに進み，「今日はここまで進みましたね。ではまた次回，こういうことについて話し合っていきましょう」という感じで，先ほど申し上げた「完了感」とともに，セッションを終えることができます。これを可能にするために重要なのは，やはりアジェンダ設定について，早いうちにク

ライアントにきちんと心理教育をしておくことです。最初が肝心です。

アジェンダを外在化しておく

　実際には，私たちカウンセラー側は，面接の記録用紙に，予めアジェンダとして提案したい項目を書き入れておきます。アジェンダ設定のときに，それをクライアントに見せて，「私のほうでは，こういう提案があるのですが，あなたはいかがですか？」と尋ね，クライアントの提案も書き入れ，項目が多すぎれば優先順位を決めて，項目数を減らすなどのすりあわせをして，実際に決めたアジェンダをさらに紙に書いておきます。順番を決めたら，その数字も併せて書いておきます。このように，設定したアジェンダを紙に書くなどして「外在化」し，それを2人に見えるように置いておく，というのがコツです。書かれてある計画に沿って進めていけばよいわけですから。

柔軟にアジェンダを扱う

　ただし実際には，アジェンダ設定で決めたとおりにセッションを進めていけない場合や進めていかないほうがよい場合もあります。計画はあくまでも計画ですから，何が何でも決めたとおりにやらなければならないわけではなく，必要に応じて柔軟に対応すればよいのです。途中で計画を変更することは，セッションだけでなく人生でも多々あります。ですから最初に決めたアジェンダの計画を，途中で変更しても全く構わないのですが，その場合は，「計画を変更する」ということをクライアントときちんと話し合って，合意しておく必要があります。

　たとえば最近の私自身の例を挙げますと，数日前，あるクライアントと会ったのですが，その日は2つのアジェンダを決めて，話し合いに入りました。大体半分ずつ時間を使いましょうということも決めました。ところが前半の1番目のアジェンダについて話し合っていたところ，その話がかなり重要で込み入っていることが明らかになり，私は「第2のアジェンダを次回に持ち越しにしても，今回はきちんとこの件について，話し合っておいたほうがよ

いのではないか」と考えました。しかもその時クライアントは、かなり動揺し、涙を流しており、次のアジェンダに移れるような様子ではなかったのです。そこで私から、「今日は、2つの話題について、前半と後半に分けて話し合おうということにしたんだけれども、今話し合っていることはかなり重要で、このまま今の話を続けたほうがよいのではないかと私は思います。○○さんはどう思われますか？」と言いました。するとそのクライアントも「そうしたい」と同意してくれたので、第2のアジェンダについては、「じゃあ、これは保留にしておきましょう」ということにして、そのことを記入して外在化したうえで、1番目のアジェンダについて最後まで話し合ったというようなことがありました。なし崩し的に計画が変わってズルズルと話が長引くというのは、構造化という点からはまずいのですが、このように話し合って合意したうえで計画を変えていくというのであれば構わないわけです。

アジェンダ設定のスキルをクライアントが習得する

こんなふうに毎回丁寧にアジェンダ設定を行いながらCBTそのものがだんだん進んでくると、クライアント自身が上手にアジェンダを決められるようになってきます。そうなるとカウンセラーの提案する比率が次第に小さくなり、クライアントの提案に沿ってアジェンダ設定ができるようになります。そうなるとカウンセラー側はかなり楽になります。実際私は何人かのクライアントと、長期フォローアップという形で、長年会い続けているのですが、その人たちはアジェンダ設定のスキルを完璧に身につけているので、その人たちとのセッションでは、私は何もすることがないくらいです。クライアントが、すでにその日のアジェンダをメモに書いてきて、時間配分も自分で考えてきて、「この話題は、時間があれば話そうと思ったけれども、やはり時間が足りないようなので自分で考えます」などというように、きちんとまとめの作業まで自分でマネジメントするのです。私はそれに付いていけばよいだけなので、非常に楽です。

表 3-16. アジェンダ設定のポイント

1. カウンセラー，クライアント双方の要望を出す
2. カウンセラー，クライアントの両者で相談しながら，設定していく
3. 優先順位と時間配分を考慮する
4. 紙に記入し，外在化しておく
5. セッションが進むにしたがって，クライアントの主体性に任せる比率を大きくする

アジェンダ設定のポイント

ここまでお話ししたアジェンダ設定についてのポイントをまとめておきましょう（表3-16）。

アジェンダ設定のロールプレイ

それでは今から，アジェンダ設定について，何人かの方とロールプレイをします。私がカウンセラー役になって，皆さんにはクライアント体験をしていただきます。なさらない方には，ロールプレイのやりとりを見学していただき，「ああ，こんな感じなのか」と理解していただければと思います。

テーマは，「あるセッションの冒頭で，そのセッションのアジェンダを設定する」というものです。3回目くらいのセッションというふうにお考えください。すでに1，2回目のセッションで，CBTについて，そしてアジェンダ設定について，ある程度心理教育が済んでいるという前提です。クライアント側の主訴は，漠然としていますが，「落ち込み」というふうに設定してみましょう。

さて，先ほど申しましたように，セッションの前に，すでにカウンセラー側もクライアント側も，そのセッションで何をしたいか，セッションの時間をどのように使いたいか，ということについて，それぞれ計画を立てています。このロールプレイでの，カウンセラー側の計画は表3-17のとおりで，クライアントにも見せられるように，すでに面接記録用紙にも記入してあり

表 3-17. カウンセラー側の計画

- ホームワーク（落ち込んだ時の自己観察）の検討
- CBT 基本モデルの教育，共有
- 自動思考を同定するための練習

表 3-18. クライアント A さんの場合

- ホームワークをやってこなかった
- ずっと落ち込んでいた
- 今，とてもつらくて，どうしたらよいのかわからない

ます。

　前回，「落ち込んだときに自己観察する」というホームワークが出ていて，つまりカウンセラー側は，まずはそのホームワークについて検討したいと考えています。そしておそらくそのホームワークの内容を受けて，CBTの基本モデルについて，さらに具体的に教育的説明をしたり，基本モデルに沿ってクライアントの体験を理解し共有したいと計画しています。さらに自動思考を同定するための練習を開始したいと考えています。以上がカウンセラー側の，セッション開始時のアジェンダについての目論見です。

アジェンダ設定のロールプレイ：各クライアントの紹介

　では，次に5人のクライアントを想定しましたので，まずそれぞれについてご紹介します。セッション開始前や開始時の各クライアントの状態です。5パターンとも，CBTの現場では，実際によく見られる典型例だと思ってください。仮にAさん，Bさん，Cさん，Dさん，Eさんとしておきます。ではまずAさんを紹介します（表3-18）。

　Aさんはホームワークをやってこなかったようです。そしてずっと落ち込んでいて，今もつらくて，どうしたらよいのかわからない，という状態です。こういうケースはよくみられます。

第3章　認知行動療法の基本スキル　87

表3-19. クライアントBさんの場合

・ホームワークはやってきた
・家族に揉め事が起きて，とても大変。そのことをカウンセラーに話したい
・CBTの構造化セッションに従うよりも，とにかく今すぐに，「話したい」「聞いてほしい」という欲求が高まっている

表3-20. クライアントCさんの場合

・ホームワークについては，レポート用紙5枚に，メモをびっしりと書いてきた
・早速そのレポートを取り出し，カウンセラーに手渡す
・「CBTをどんどん進めたい！」と意欲満々である

次にBさんです（表3-19）。
　Bさんは，ホームワークはやってきたのです。しかし，家族に揉め事が起きてとても大変で，今日はそのことを話したいと思っています。CBTの構造化セッションについてはわかってはいるんだけれども，今日はそれに沿ってセッションを進めるよりも，とにかくその大変なことについて，「話したい」「話を聞いてほしい」という思いが強く，もう「話す気満々」といった感じです。こういう人もよくいます。
　次にCさんです（表3-20）。
　Cさんは，ホームワークについてレポート用紙5枚にびっしりメモを書いてきました。もうCBTにやる気満々で，「どんどん進めたい」「だから，こんなにたくさん書いてきました！」という感じです。そして面接開始直後に，早速そのレポートを取り出してカウンセラーに渡します。CBTではこういう人も，結構います。
　次はDさんです（表3-21）。
　Dさんのような人は，皆さん思い当たるのではないかと思います。Dさんは，まずホームワークについては「忘れていた」とのことです。「やらなか

表 3-21. クライアント D さんの場合

- ホームワークを忘れていた
- 特に話したい,という話題が思いつかない
- 「カウンセラーがリードしてくれるだろう」という受け身的な姿勢である

表 3-22. クライアント E さんの場合

- ホームワークをやってきた。3 つのエピソードを簡潔にメモしてきた
- CBT の習得に,適度に意欲的
- 医師からの処方が変わったことについて,カウンセラーに相談したいと考えている

った」「できなかった」ではなく,「忘れていた」というのがポイントです。そしてセッションでのアジェンダについても,特に提案はなく,「思いつかない」という感じです。非常に受け身的な姿勢で,「カウンセラーがリードしてくれるだろう」という様子の人です。何を聞かれても積極的に回答するのでもなく「べつに……」といった反応を示す人を,思い浮かべていただければと思います。

最後が E さんです（表 3-22）。

理想像のように思われるかもしれませんが,このような適度な意欲を示す人も,実際には多くいます。E さんは,ホームワークを適度にこなし,簡潔にメモをしてきました。CBT を習得することに対しても,適度に意欲的です。また E さんは,今日のセッションで,カウンセラーに相談したいことを 1 つ用意してきました。医師からの薬の処方が変わったことについて,カウンセラーに何か相談したいことがあるようです。

それでは皆さんの中から,5 人に立候補していただいて,A さんから E さんまで,順にロールプレイを行い,その都度フィードバックをいただき,さらに皆さんからコメントをいただきたいと思います。

Aさんとのロールプレイ:アジェンダ設定

それではAさん役のサカキさん(仮名),よろしくお願いいたします(前出の表3-17,表3-18)。

カウンセラー:今日話し合う項目を決めたいと思うんですけれども,1つは落ち込んだときに自分を観察するというホームワークをお願いしていましたね。それを一緒に検討したいなと思っています。それから,それに基づいて,認知行動療法の基本になるモデルについてお伝えしたいなと考えています。さらに自動思考というのがあるんですけれども,それを導き出すというか,それに気づく,気づいて記録するための練習をしたいなというふうに私のほうでは計画しています。サカキさん(Aさん)は今日,どんなお話をしたいと思っていらっしゃいますか?

A(クライアント):ホームワークのほうはできなかったんです。何かただ,だらだら過ごしてしまって,特に何も考えていないんですけれど……。

カウンセラー:そうすると,このホームワークができなくてだらだらというのは,たとえばどんな気分で過ごされていたかとか,どんな状態だったか教えていただけますか?

A:朝,なかなか起きられなくて,お母さんに起こされて起きるんだけれどまた寝てしまって,それでちょっとテレビを横になって見て,御飯を食べて,「ああ勉強しなきゃいけないな」と思うんだけど勉強もしないで,夕方妹が帰ってきて,それで「ああ,また1日終わっちゃった」という感じでした。

カウンセラー:じゃあだらだらと過ごしたくてだらだらしていたわけじゃなくて,起きられないし,「勉強しなきゃ」と思うんだけれどもできないしと,そんな感じだったんですか?

A:はい。

カウンセラー:気分的にはどうでしたか?

A:うーん,すごく落ち込んでいて「自分はやっぱりだめだなー」と思いました。

カウンセラー:落ち込んでいらっしゃったわけですね。そういった状態だったからホームワークもやりたくてもできなかったと,そういう感じだったんでしょうか?

A：そうですね。何か，うーん……やる気にならなかったんです。
カウンセラー：ホームワークは，無理にやる必要はなくて，やれるホームワークをこちらも出さなきゃならないので，できなかったことは気にすることはありません。そうすると今のお話をおうかがいすると，どうもあまりやる気が出てこない，やらなきゃと思うんだけど落ち込んでしまうし，起きられないし，寝ていることが多いしということで，今のお話だけでも，（モデルが記載されているシートを一緒に見ながら）たとえば頭の中に出てきた考え，落ち込んでいるという気分，お母さんに起こされるというお話，それに起きられないという体や行動的なことなど，いろいろなお話があったと思うんです。ホームワークはできていなくても構わないので，ではこの1週間過ごされていた今のお話をもう少し具体的に聞かせていただいて，それをもとに，認知行動療法のこういうモデルがあるんですけれどもここに当てはめていって，モデルを共有できたらなと思うんですが，そういう時間に今日の面接の時間を使うというのはいかがですか？
A：はい。やります。
カウンセラー：いいですか？　それで。
A：はい。
カウンセラー：はい，わかりました。

（ロールプレイ終了）

【Aさんとのロールプレイについての質疑応答】

伊藤：サカキさん，ありがとうございました。お疲れ様でした。フィードバックをいただけますか？　疑問でも何でもいいです。
サカキ：宿題をやってこなかったことを責められなかったのでよかったです。それから，アジェンダにつながるようなことが自分は全然言えなかったんですけれども，私が話したことを大事にして，材料として使っていただいたのでよかったと思います。
伊藤：どこかひっかかった点があったら，教えてください。
サカキ：特にありません。
伊藤：では皆さんからコメントや質問をいただきたいと思います。

参加者1：今回のセッションでは結局，アジェンダ的には基本モデルの教育と共有のみということになるわけですか？

伊藤：そうですね。この場合ですとホームワークはやってこなかったということが確認できて，落ち込んでいたというエピソードが出てきたので，おそらくアセスメントシートを使って共有していくと思います。そのときに，ある具体的な場面が出てくるかもしれませんね。実際にAさんは，さっきの対話の中で，「勉強しなきゃいけないな」とか，自動思考らしき認知をいくつか出してくれていましたよね。ですからその話が出てきたときに「それを自動思考というんですよ」という話が出来るかもしれません。そうすると「じゃあ次回までに落ち込んだときの自動思考を把握してきましょう」という次の課題にまで話を持っていけたらなあと，カウンセラーとしては考えていました。

参加者1：そういう場合は，時間配分などには関係なく，話の流れに沿って，シートに書き入れていく，という感じですか？

伊藤：そうです。ですから，このセッションでのアジェンダは基本的に1つ，ということになりますね。……他はいかがですか？

参加者2：私は，実際にアジェンダ設定をしている最中に，クライアントさんがいっぱいしゃべり出すと焦ってしまうんですね。きちんと項目が定まらないうちに落ち込んでいたという話をそのままズルズルと聞いてしまって……。あるいは設定するときに，「ホームワークをやってこなかった」とシンプルに報告してもらえれば，「じゃあ，それについて後でちょっと詳しくうかがっていいですか？」という感じにまとめてしまうのです。しかし今のロールプレイを見ていると，むしろカウンセラーのほうからクライアントさんに，そのやってこなかった状況を聞いていましたよね。聞いて，ちゃんとそこでまとめて，しかも次の基本モデルの共有というアジェンダに絡めて設定するというやり方を今見せていただいたので，「ああ，そういうこともできるんだな」という勉強になりました。

伊藤：ありがとうございます。Aさんは落ち込んでいる人で，言葉数も少なく，あまり考えられないという感じなので，こちらから聞いていかないとアジェンダも決められないんですね。逆に最初からブワーッとしゃべり出す人の場合，こちらがそれをさえぎって，「ちょっと待ってください。今は，アジェンダを設

定しているところなのです」と，アジェンダ設定をするという作業に戻す努力をカウンセラー側がしなければならないのだと思います。こんな感じで，いろいろなパターンがありますね。

Bさんとのロールプレイ：アジェンダ設定

それではBさん役のカネコさん（仮名），よろしくお願いいたします。「家族の揉め事」というふうに設定しましたが，別の話に変えてくださっても全く構いません。やりやすいようにやってください（前出の表3-17，表3-19）。

カウンセラー：今日は，お願いしていた「落ち込んだときに自分を観察する」というホームワークの中身を検討させていただきたいということがひとつと，それからそれに絡めて認知行動療法の基本になるモデルをご紹介したいなと思っています。それからもうひとつ，モデルにも絡んでくるんですが自動思考というものがありまして，それを引き出して書き出すための練習をしたいなと思っているんですが，カネコさん（Bさん）はいかがでしょうか？

B（クライアント）：ホームワークが出ていたので，落ち込んだときの自分の観察をしてみたんですね。どういう状況で自分が落ち込むのかというのを観察していたら，やはり彼からの連絡が途絶えたりしたときにすごく不安になっちゃって，落ちついていられなくなっちゃって，いろいろなことを考えてばかりいて，落ち込んだり不安になったりするということを観察できました。

カウンセラー：そうですか。そうすると彼からの連絡が……。

B：途絶えているとき，仕事が忙しいというのはわかるんだけど，夜に連絡くらいできるでしょう。

カウンセラー：ええ。

B：そういうのを，友だちに電話したり，そういうふうに自分では対処法を持っているんですけど，でも考えていても切りがないし，推測，推測ばかりでどんどん不安が増していっちゃう，それがすごくて。どうしたらいいんでしょうか？　こういうことを，解決したいんです。

カウンセラー：それは，落ち込んで不安になっちゃうことを解決したいのでしょうか，それとも彼から連絡がないということを解決したいんでしょうか？

B：2人の関係が今は悪循環に陥っていると思うので，もっと建設的に，2人のためにそういうことを，お互いにとっていい方向に持っていきたいんです，結果はどうであれ。

カウンセラー：なるほど。そうすると，ごめんなさいね，私のほうでは今日，このモデルを使って落ち込みの話をおうかがいしようかなと思っていたんですけれども，今その自己観察をしてみたら，むしろ彼との関係を解決したいという気持ちが出てきたのでしょうか？　彼とのことでいろいろあるのでしょうか？　出来事と心の中で思うこととか。

B：ええ。

カウンセラー：今日はむしろ，その話をおうかがいするほうがよいのでしょうか？

B：はい，お願いします。

カウンセラー：わかりました。そうするとそのお話をこの認知行動療法のモデルに沿っておうかがいしていったほうがよいのか，それともまず彼とのことでこういうことがあって，こういうことが心配で，こんなふうに推測したりしてというふうに，自由にお話をしていただいたほうがよいのか，そこはカネコさん，どっちのほうが話しやすい感じがしますか？

B：大体，彼とのことで言いたいことが溜まっている場合は友人によく話しているので，ここではそういうモデルに基づいて話を進めていただきたいと思います。

カウンセラー：わかりました。そうしたらホームワークで気づいたことが，彼とのことだったということで，じゃあそれを認知行動療法のモデルに基づいておうかがいしながら，今日はどういうことになっているのかということを一緒に見ていって，可能であればそこで自動思考についてのお話もさせていただく，ということでよろしいでしょうか？

B：はい。

（ロールプレイ終了）

【Bさんとのロールプレイについての質疑応答】

伊藤：ではまずクライアント役のカネコさんから，ご感想をお願いします。

カネコ：自分にも選択権を与えてくださるので，つまり「どうしたいんですか？」という選択の自由があるので，かなり主体的に自分も関われる。受け身じゃな

くてやはり協力しているという、まさに対等な感じを受けます。

伊藤：実は結構、私のほうが、戸惑いながら今回はカウンセラー役をやっていました。「認知行動療法のモデルについて話を進めたい」と私が提案したときに、「自己観察してきたら彼とのことがあった」という話が出たので、これは「彼の話」というアジェンダとして、フリーに話していただき、それを聞いたほうがよいのか、それともこちらでも提案しているので、モデルに基づいて聞いていくほうがよいのか、どちらかなとちょっと不安になりながら聞いていました。最後に、「モデルに沿って話をしよう」と決めたときは、どんなお気持ちでしたか？　話なら友だちにしているからというふうに、おっしゃっていましたが。

カネコ：やっぱりこの時間は建設的に解決するために使いたいという気持ちと、悪循環を発見したいというのもありました。

伊藤：はっきりと解決したいとおっしゃっていましたものね。ありがとうございます。それでは皆さんからは、いかがでしょうか？

参加者：フリーに話すということと基本モデルに沿うということを絡めているのが、すごくうまいなと思いました。

伊藤：これはCBTをやっている者はよく体験するのですが、たとえ「認知行動療法をやりたい」というクライアントさんであっても、やはりカウンセラーに対しては「話を聞いてほしい」というニーズも結構あるようなんですね。カウンセリングなんだから、やっぱり「こんなことがあって、こんなことを感じた」と、自分のペースで言いたいように言いたい、というニーズがあるのです。そこで、フリートークというふうに私は呼んでいるのですが、クライアントさんの自由な語りを、「フリートーク」というアジェンダとして設定しちゃえば、ズルズル話が続いてカウンセラー側が「この話は、いつ終わるんだろう」という焦りを感じないで、「じゃあ半分の時間はフリーに話をして、半分の時間はこのモデルに沿って考えていきましょうか」というふうに持っていくことができます。フリートークというのは、自由に話すことを1つのアジェンダとして扱うという一種の技法なんです。

Cさんとのロールプレイ：アジェンダ設定

それではCさん役のタカノさん（仮名）、よろしくお願いいたします（前

出の表 3-17,表 3-20)。

カウンセラー:今日は,前回落ち込んだときに自分を観察していただくというホームワークをお願いしていたのでその中身を検討させていただきたいなということと,それから,それに基づいて認知行動療法の基本的なモデルを一緒に共有して「こうなっていますよ」ということをお伝えしたいと思います。さらに可能であれば自動思考を——自動思考というものがあるんですけれども——それについてお知らせして,それを引き出す,キャッチするという練習をしてみたいと思っているんですが,タカノさん(Cさん)はいかがですか?

C(クライアント):前回,落ち込んだときの観察をしてきてくださいということだったので,もうばっちり,できるだけたくさん挙げてきました。(カウンセラーにレポートを渡す)

カウンセラー:はい。ありがとうございます。すごいですね。

C:5枚くらいあります。もう書き出したらとまらなくて。

カウンセラー:びっしり……。書くのが大変だったんじゃないですか?

C:はい。でも,落ち込んだことがいっぱいあったので。認知行動療法っていうのにすごく期待しています。

カウンセラー:ああ,わかりました。やる気があるというのはすごく大事なことだと思います。そうすると,この5枚の中に書いてあるのが落ち込んだときに自分を観察したことになりますか?

C:はい,そうですね。

カウンセラー:今これに目を通してしまうとすごく時間がかかっちゃうと思うので,ちょっと教えていただきたいんですけれども,これは1回の落ち込んだときの話が5枚になっているんですか? それとも何回か落ち込んだ分の?

C:何回か分です。

カウンセラー:大体何回分くらいですか?

C:5回分くらいでしょうか。1枚につき1つくらい。

カウンセラー:なるほどすごいですね。この5枚,5回分の落ち込みを全部丹念に見ていって,このモデルに位置づけて考えていくということをやると,おそらくちょっと時間が足りなくなってしまうと思うんですね。

C：ああ，そうなんですか。

カウンセラー：せっかく書いてきていただいて，全部いっぺんに見られないのは残念なんですけれども，まずこの中から1つ選んでいただいて，それを，この認知行動療法のモデルに沿って一緒に見ていくことにして，残りの分についてはまたホームワークでさらに扱うことにするとか，そういうふうに違った形で対応したいなと思うんですが，どうでしょうか？

C：ぜひそれでお願いします。

カウンセラー：それでもいいですか？　そうしたらこの5枚の中から……どうですかね，一番落ち込んだときの体験を選ぶのがいいか，それとも一番最近の体験を選ぶのがいいか，どちらでしょうか？

C：あーあ，そうですね，どれも大体同じくらい，つらかったんですけれども。

カウンセラー：ああ，落ち込み度が同じくらい？

C：はい。

カウンセラー：そうすると，この一番上のが一番最近の日付のような気がするんですけど。

C：はい，そうですね。

カウンセラー：最近のだと一番思い出しやすいですか？

C：はい。

カウンセラー：よろしいでしょうか？　じゃあこの一番上の1つの落ち込みについて，書いてきていただいたレポートをもとに認知行動療法のモデルを説明させていただくことにしましょうか。どんどん進めたいということでしたら自動思考についても今日はお伝えしたほうがいいですかね？

C：はい。お願いします。

カウンセラー：じゃあ，さらに自動思考についてもご説明したうえで，せっかく残りのレポートがあるので，それを生かす形でホームワークをお出しするということにしましょうか？

C：はい。ぜひそういうことでお願いします。

カウンセラー：はい，わかりました。

（ロールプレイ終了）

【Cさんとのロールプレイについての質疑応答】

伊藤：はい，以上です。お疲れさまでした。まずタカノさんからフィードバックをいただきたいと思います。

タカノ：たくさん書いてきたレポートを限られた時間の中でどのように扱われるかというのは，やはり書いてきたほうとしてはすごく気になるところなんですけれども，そういう，1つはここで扱ってそれで終わりということじゃなくて，残りもちゃんとフォローしてもらえるというのは，すごくほっとしました。

伊藤：せっかくのやる気というのは生かされたと思われますか？　それとも削がれちゃったというような感じもありますか？

タカノ：やっぱり「1つしか取り上げてもらえないの？」と一瞬思うんですけれども，その後でちゃんと「これはまた今度扱います」というふうに言っていただけたので，削がれたというわけではありませんでした。

伊藤：そうですか。はい，ありがとうございます。では皆さんからご意見，ご質問をいただきたいと思います。

参加者1：5枚から選択するときに「最近のものか，一番落ち込んだときのものか」と聞かれたのは何か意図を持っているんですか？

伊藤：なるべく具体的で実感を持てるイメージを想起してもらって，その体験を把握していきたいので。その場合，まず直近の体験というのは思い出しやすいんです。それからもうひとつは，強い感情を伴う体験というのもやっぱり生き生きと想起しやすいんです。

参加者1：それはわかるんですけれども，今回は5件ありました。それを比較的オープンに「自由に選んでください」というふうにしなかったというのは？

伊藤：そうしたのは，やはりリモデルを共有するという今日の目的のために，なるべく鮮明な体験を選んでほしいので，こちらから絞っていったということです。「5枚から選んでください」ということになっちゃうと，特にやる気のある人には，ちょっと強迫的な人もいるので，選べない場合が結構あるんですよ。そうなると時間の制約もありますから，さっきのソクラテス式質問法と一緒で，ちょっとこちらで限定させてもらいます。それについては，クライアント役のタカノさん，いかがでしたか？

タカノ：そうですね，本当にどれも取り上げてほしいくらいの勢いだったので，む

しろスパッと2つくらいの選択肢を言ってもらえて決めやすかったです。

伊藤：はい，ありがとうございます。他はいかがでしょうか？

参加者2：今回は，1回の落ち込みで1枚，足して5枚でしたが，たとえばその5枚が「全部1回の落ち込みです」とクライアントさんが言った場合には，どういう切り口で持っていきますか？「この5枚は全部，1回の落ち込んだことなんです」と。つまり，1回が5枚にわたって書かれている場合。

伊藤：ああ，なるほど。何回かだろうなという予測のもとで話をしていた場合，すごく困るかもしれませんよね。いくつかポイントがあるかと思います。クライアントさんは，この時点では，まだ構造化された形でレポートを書いていないので，「何について書いてあるのか」というのをこちらから聞くと思います。出来事なのか，それとも自分の気持ちなのか，感情なのかと。つまりそのレポートが，どういう構成になっていて，どういう内容が書かれてあって，それらのうちのどれを扱うかという話に持っていったと思います。あるいはもしかしたら一連の出来事の流れだということであれば，そのピークだったときというふうに，またその中で選んでもらうということもあると思います。

参加者3：ホームワークは今回5枚もやってきたということで，「すごいですね」と言うのは自然な反応だったと思うんですけれども，ホームワークをやることに対する動機づけをするために，クライアントさんが実際にホームワークをやってきたことに対して褒めてあげるというか，そういうようなスタンスで常にやっていらっしゃるんですか？

伊藤：そうですね。やってきてもらったことに対しては，必ず評価をします。褒めるだけではなくて，修正すべき点があれば指摘させてもらうこともあります。ただひとつ，強迫的な人に対し，ホームワークをやらせすぎてはいけないということも言われています。それにあまりたくさん出されても，出されるこちら側が負担になりますよね。使える時間は物理的に限定されていますので，その決められた時間で扱える分だけのホームワークをいかにやってもらうか，というのもポイントになります。ですからホームワークをやりすぎて，毎回あまりにもたくさん持ってくる人で，セッションで一部しか扱えなくて，あとはカウンセラーに対して「残りは読んでおいてください」といった話になると，こちらも対応しきれなくなるので，またその時点でトラブルシューティングをしま

す。「お互いにとって適正な範囲のホームワークにしましょう」と。

Dさんとのロールプレイ：アジェンダ設定

それではDさん役のヌマタさん（仮名），よろしくお願いいたします（前出の表3-17, 表3-21）。

カウンセラー：今日，話題にしたいこととして，私が提案したいのは3つあります。落ち込んだときに自分を観察してきていただくというホームワークを出していたので，それを検討したいというのがひとつです。それから，認知行動療法の基本的なモデルを今日お伝えして共有したいというふうに思っています。さらに，可能であれば自動思考を引っ張り出してきて表現する，そういう練習をしたいと思っているんですが，ヌマタさん（Dさん）は，どのようにお考えですか？
D（クライアント）：ホームワークを忘れていたんですけれども。
カウンセラー：ああそうですか，はい。お忘れになったというのはどんな感じなんでしょう？
D：持って帰ってそのまま，かばんに入れたまま忘れていました。
カウンセラー：そうですか。そうするとそれは，落ち込んだときがあまりなかったということですか？
D：落ち込んだときはあったと思うんですけどー。それて「あっ，ホームワークあったっけな」とは全然思い出せなかった……。
カウンセラー：そうですか，わかりました。じゃあホームワークについては，もしかしたら忘れてしまうような出し方を私がしていたかもしれないので，「忘れないようにするにはどうしたらいいのか」という話も今日できたらな，とちょっと思うんですけれども，ヌマタさんのほうで，今日お話しになりたいことはありますか？
D：特にないです。
カウンセラー：特にないですか。そうしますと，落ち込んでいないからホームワークができなかったということではなくて，落ち込んだときはあったというお話だったのですが，この落ち込みについてちょっと詳しくお話をおうかがいし

て，それをこういうアセスメントのためのシート（アセスメントシートを見せる）に記入していって，ヌマタさんの落ち込みがどういう感じだったのかということをここで把握していければと思うんですが，それについてはどうでしょうか？

D：はい，お願いします。

カウンセラー：それをやっていってもいいですか？（Dさんがうなずく）わかりました。それから，さっきちょっと申し上げましたけれども，ホームワークは無理にやる必要はないんですが，やったほうがやっぱり認知行動療法は進んでいくことは進んでいくので，ヌマタさんに無理のない範囲で出せればとは思っているんですが，どういうホームワークだったら忘れないかとか，ちょっとそんな話をできたらと思うんですがどうでしょうか？

D：はい。

カウンセラー：はい，よろしいですか？ ではちょっとホームワークの出し方や，やり方について，もう少しいい方法があるかどうか相談させていただけますか？

D：はい。

カウンセラー：じゃあ，今日はこの2つの話題で進めていただきたいと思いますのでよろしくお願いします。

D：はい。

（ロールプレイ終了）

【Dさんとのロールプレイについての質疑応答】

伊藤：ありがとうございました。ではヌマタさん，ご感想をお願いします。

ヌマタ：たとえばホームワークをやってこなかったということで，「落ち込んだ」と言ったのは，ただ落ち込んだのもあったろうなという感じで，あまり何も考えていなかったんですけれども，やっぱりこのシートを出されて，「あ，それでも進められるんだ」と思ってすごく安心しました。

伊藤：そうですか，ありがとうございます。

ヌマタ：何かこう，考えなくても本当にリードしてくれるなというふうに，安心感

がすごくありました。

伊藤：「ホームワークをやってくること自体の話し合いをしましょう」というふうに提案させていただいたんですが，それに対してはどうですか？ 責められてしまったとか，嫌な感じはありませんでしたか？

ヌマタ：あまりそういうことも考えていなくて，「ああ，何とかなるのかな……」と。

伊藤：そういう話をしてもいいかなというくらいの感じでしょうか。ありがとうございました。実はこのDさんのような人は，結構いらっしゃるんですよね。もともと臨床心理学的な素養を持っているクライアントさんの場合，モチベーションも高く，CBTなんかやらなくても，こちらがきちんと話を聞いていればどんどん展開して，変化が起きるんですけれども，Dさんのような人はそうはなりません。たとえば心身症の人とか，他の人にカウンセリングを勧められて来たような人の場合，こちらが何か聞いても「べつに……」という消極的な感じで対応されることが，最初は多いです。心身症の人は特にそうかもしれません。身体症状で困っているのに，最終的に「心理療法を受けたら」と医者に言われて，何とかしたいから来るには来ますが，「心理」というだけでもう「うっ……」というような抵抗感をおぼえる人もいます。「気分は？」と聞かれても，「べつに……」という感じですし，「何がつらいのか」と聞かれても，「いや，ちょっとよくわからないけれども胃が重たいんです」とか「頭が痛くて困っているんです」という話がやっと出てくるだけです。ですからこういう人には，むしろこちらが積極的に構造化を図って，リードしていかなくてはいけないんですが，カウンセラー側もどうすればよいかというのは，アセスメントができないとわからないので，やっぱり具体的に聞いていって，このようなシートに外在化していきながら，主訴を理解し，突破口を見つけていくしかないんですよね。でもそうやって粘り強くやっていると，次第に，「ああ，確かにこういう面があるかも」「自分の中で，こういうことが起きているんだ」ということを，クライアントさん自身が気づくようになるときが来ます。そうなると切り口が少し見えてくるというか，徐々に乗ってくるというか，とにかくクライアントさんのモチベーションが高まってくるというケースが多くあります。Dさんのような人は，普通のカウンセリングのアプローチでは一番中断しやすいタイプだと思いますが，実はCBTには乗りやすいんです。

参加者:「ホームワークを無理にやらなくてもいい」というふうにおっしゃったんですけれども,やりたくなければやらなくてもいいんでしょうか? やったほうが効果的だという話はしたうえで「でもホームワークはちょっと……」という人については?

伊藤:「無理なホームワーク」は無理にやらなくてもいいと思いますが,ホームワークはできればやったほうがいいと思います。ですから,「どういうホームワークだったら,無理なくできるだろうか」という話に持ち込みたいです。どうしてもホームワークが嫌だという人がいたとしたら——そんなにはいらっしゃいませんが——,「ではもう,あなたの場合はやらないことにしましょう」という合意ができれば,それはそれでいいとは思います。

Eさんとのロールプレイ:アジェンダ設定

それでは最後は,Eさん役のヒライさん(仮名),よろしくお願いいたします(前出の表3-17,表3-22)。

カウンセラー:今日は,自分を観察するというホームワークをお願いしていましたので,それについて検討したいなということと,それから認知行動療法の基本になるこういうモデルがあるんですけれども(アセスメントシートを見せる),これを一緒に見ていって共有したいということと,それから自動思考というのがあるんですけれども,それについてお伝えして,その自動思考を引っ張り出して書き出したりするという,そういう練習をしたいと思っているんですが,ヒライさん(Eさん)は,今日はどういうことを話題にしたいとお考えですか?

E(クライアント):一応ホームワークはやってはきたんですけど……。とりあえず簡単にやってはきました。

カウンセラー:そうですか,今お持ちですか?

E:一応……はい。(カウンセラーにホームワークを手渡す)

カウンセラー:はい,ありがとうございます。じゃ,これについて検討するというのは,やっていっていいですか?

E:それはそうなんですけどもね。今日病院へ行ってですね,あまりこちらの治療には変化はないんですけど,何か薬が変わったんですね。

カウンセラー：ああ，そうですか．

E：あまり医者もその辺を説明してくれないので，何で変わったのかがどうもよくわからない，というのがちょっと心配なんですよね．

カウンセラー：ええ，そうですよね．

E：よくなっているのか，何かその辺を少し相談したい，教えてもらいたいなというふうにちょっと思っているんですけど．

カウンセラー：わかりました．ところで何の薬が何の薬に変わったかというのはおわかりですか？

E：ええ．薬の名前を打ち出した紙をもらっているので．

カウンセラー：今日それを持ってきていらっしゃいますか？

E：はい．

カウンセラー：はい．わかりました．

E：書いてある効能は前の薬とあまり変わらないんですよね．

カウンセラー：ああ，そうですか．薬が変わったことについてここで相談されたいということでしたら，それを今日の話題に加えたいと思いますが，ご存じのとおり，私は医者ではありませんので，ヒライさんに薬についてどうしてくださいとは言えませんし，詳しく聞かないとわかりませんが，私の立場で対応できる範囲でご相談には乗れると思います．では，やってきていただいたホームワークをもとに認知行動療法のモデルの話を進めたいんですが，それと薬の話とちょっと別なような感じがするんですが？

E：そうですね．

カウンセラー：どちらを先に話し合えたほうがいいですか？

E：やっぱり薬のほうが気になっていまして．

カウンセラー：じゃあこちらを先にしましょうか？

E：はい．

カウンセラー：薬の件は，詳しくはちょっとおうかがいしてみないとわからないんですが，今日の面接の時間をかなり使って話をしたい感じか，それとも少し話ができればいい感じか，どんな感じでしょうか？

E：えーと，ちょっと納得したいな，と思っているんですけど．

カウンセラー：なるほど．そうすると，もしかすると結構時間をかけて話をしたほ

うがいいかもしれませんよね？
E：そうですね。ホームワークのほうはまあ簡単にという感じでしかやっていないんで。
カウンセラー：わかりました。でもせっかくやってきていただいたことなので，多少は時間を取って見せていただいたほうがいいですか？
E：そうですね，一応。3つ全部やる必要はないと思いますけど。
カウンセラー：わかりました。まず薬の話をヒライさんが納得できたと思えるところまで話し合って，ホームワークについても少し時間を取って見せていただいて，認知行動療法のほうも進めていくというふうに，今日の時間を使いたいと思いますけれども，よろしいでしょうか？
E：結構です。
カウンセラー：じゃあ，それでよろしくお願いします。
E：はい，お願いします。

(ロールプレイ終了)

【Eさんとのロールプレイについての質疑応答】

伊藤：ありがとうございました。ヒライさんご感想をお願いします。
ヒライ：ホームワークのほうは途中から忘れてしまっていた感じで，やっぱりだんだんやっているうちに，「時間配分はどうするか？」「どちらの問題を取り上げたいか？」と言われたときに，まあ自動的に薬の問題のほうが上に上がってきたなと，やっているうちに思いました。
伊藤：両方やることにして，時間配分なども大ざっぱに決めたんですが，それについてはいかがでしたか？
ヒライ：それは非常に良かったです。
伊藤：そうですか。
ヒライ：「どっちを選ぶか」と言われるより，両方やろうと言われるほうがいいと思いました。
伊藤：なるほど，ありがとうございます。皆さんいかがでしょうか？　この初級ワークショップはこれまでにも何度かやっていますが，Eさん役の方でも両方あって，「薬の話を先にしたい」という方と，「後に取っておきたい」という方と，

両方いらっしゃいます。それではこんな感じで，一通りアジェンダ設定のロールプレイをやりましたが，クライアント役をやっていない方々に，一言ずつ感想などをお話しいただきたいと思います。

参加者1：アジェンダ設定ということが，すごくよくわかりました。一番最初の方（Aさん）のように「（ホームワークを）やっていない」と言ったその状況，「なぜやっていないのか」という状況を聞きつつ，モデルの説明に移るところがわかりやすかったなと思います。

参加者2：僕が一番難しいかなと思ったのは，Dさん，つまり義務的な感じでクライアントさんが来たときです。これはクライアントさんの反応があまりないところから情報を引っ張り出してきて，それをアジェンダに設定していったところが非常に勉強になりました。

参加者3：質問なんですけれども，自由に話すことの多いセッションの場合，CBTとしてはあまり進まないと思いますが，そういう場合，ホームワークの設定はどうするのかなと思ったんですが？

伊藤：あまり進まなかった場合は，前回と同じものをもう1回やってきてもらうといった感じでつなげることが多いですね。

参加者4：何をアジェンダにしていくかというのを見ていて，先ほどの，相手との協同作業というお話が，すごくよくわかりました。どういうふうに段階を経ていくかというのがすごく建設的で，相手の了解もすごく取れて，とてもいいなというふうに思いました。

参加者5：やはりホームワークというものを課す以上は，やってくる人とやってこない人というのが必ずいると思うんですけれども，やってこなかったときにいかに責めるような感じにならずに，やらなかったことをどのように取り上げていくかというのは，習熟しないと難しいんだろうなというふうに思いました。

伊藤：ホームワークについては割と，スーパービジョンなんかで初心者から，「このクライアントさん，ホームワークやってこない人なんです」という話が出てくるときがあるんですが，そうではないんです。「やってきてもらえるようなホームワークを，カウンセラー側が設定できなかった」ということなんです。ですから，クライアントさんのせいにしてはいけなくて，「どういうホームワークであればできるのか」という問いを立てる，あるいは，やらないならやら

ないという合意をするための話し合いをちゃんとする必要があります。カウンセラー側は，私もそうなりがちですが，どうしても「やってこない人」というふうに言いたくなるんですが，ちゃんとホームワークを設定できなかった自分のやり方も考えないといけません。協同責任ということだと思います。

参加者6：ロールプレイを見る前に，アジェンダ設定の説明を聞いたとき，私は認知行動療法の面接を全然見たことがないので，どういうことを実際にやるのか全然想像がつかなかったんですけど，実際にロールプレイを見て「ああ，こういうことを言っているんだ」というのがすごくよくわかりました。

参加者7：アジェンダの話を聞いたとき，がちっと構造化されていると思ったんですけど，そうじゃなくて「結構柔軟性があるものだな」と思いました。それからちょっと質問なんですが，今のロールプレイは，クライアントさんがみんな大人であるという前提で行われたと思うんですけれども，たとえば相手が中学生くらいの発達段階でも，同じような方法で——これはアジェンダだけではなくてCBT全体かもしれないのですが——同じように進めていっていいものなんですか？

伊藤：特にベックの認知療法は，もともと大人のうつ病に適用されていたんですけれども，最近，結構子どもや発達障害の人に対してかなり適用されるようになっています。基本的な構造としては，子どもに対しても全く同じようにやるそうです。「そうです」というのは，私自身があまり子どもを対象にしていないので習ったことでしかないからです。ただ重要なのは，どちらかというと，外在化していくときのツールの使い方で，大人だったら文字・文章が使えますけれども子どもはそうはいかないので，そこでちょっと，たとえば感情を表す顔の表情のシールを使うとか，絵を使うというふうにツールなどに工夫を加えていくみたいです。ただ，子どもに対しては，よりいっそう構造化をきちんと体得させるというか，「こういう流れなんだよ」ということを，それこそやっぱり言葉じゃなくて毎回毎回の体験で，「ああ，もうそろそろ終わりなんだ」と感じ取れる一回一回の体験をちゃんとさせてあげることが大事だというふうに習っています。

参加者8：アジェンダを設定するというのも，2人の協同作業と言われましたが，それをやりながら2人の間に信頼関係ができる，そんな感じが伝わってきて，

表 3-23. 認知再構成法

> 認知再構成法：過度にネガティブな気分・感情と関連する認知（考えやイメージ）を再構成するためのスキル。図表などのツールを用いることが多く、「コラム法」「DTR（非機能的思考記録表）」などと呼ばれることもある。「認知療法」というと、まず連想されるのが、この認知再構成法である

> 「ああ、ただ事務的に聞くだけじゃないんだな」と、そこはすごく印象として残りました。

ここまでがアジェンダ設定についてでした。残り3つのスキルについては、先ほども申しましたように、今日の初級ワークショップの目的ではありませんのでさらっと流して、事例紹介に、ある程度時間をかけようと計画しています。

●基本スキル4．認知再構成法（狭義の認知療法）

認知再構成法という言葉を聞いたことがあるという方、どのくらいいらっしゃいますか？ コラム法という言葉でお聞きになっている方もいらっしゃるかもしれません。認知再構成法とは表3-23のとおりです。

「認知療法＝認知再構成法」という誤解

認知再構成法とは、過度にネガティブな気分・感情と関連する認知、すなわち考えやイメージを把握し、そうでない認知を再構成するためのひとつのスキルのことを言います。表などのツールを使うことが多いので、「コラム法」とか「DTR（dysfunctional thought record：非機能的思考記録表）」などと呼ばれることもあります。そしてこれは誤解なのですが、認知療法＝認知再構成法だというふうに思っている人が多く、そういう誤解を解くことも、こ

のワークショップの目的のひとつです。認知療法および認知行動療法はひとつの治療体系，援助体系であって，それを実現するための技法のひとつが認知再構成法なのだとご理解ください。

　私のところには，認知療法やCBTを受けたいという人が紹介されてくることがあるのですが，そういう人の話を聞いてみると，「他のところで認知療法を受けたんだけれどもうまくいかなかったので，もっと本格的に受けたい」と言う人が多いです。そこで，「どういう認知療法を受けたのですか？」と尋ねると，医師またはカウンセラーといった治療者・援助者からコラム（表）をポンと渡されて「認知療法をやってごらん」と言われたというのです。専門家にそう言われたのだからやってみようとはしたものの，「うまく書けない」「よくわからない」という感じになってしまって，それを専門家にフィードバックすると，「じゃ，あなたには認知療法は効かないんだね」と言われて終わりになっているケースを，けっこうよく耳にします。これがまさに「認知療法＝認知再構成法」の誤解の典型例です。

　ここまでの話で皆さんはすでにおわかりかと思いますが，双方向的な対話をしっかりと行い，アセスメントと心理教育を実施して，面接の目標を立てて，そこではじめて技法が登場するわけで，いきなり表を渡して「やりなさい」というのは，いかに乱暴なことかと思います。が，実際にそういうことが多く起きている現実があるので，それは非常にまずいという危機感が私にはあります。きちんと導入すればCBTが役に立ったかもしれない患者，クライアントが損をしているわけですし，もうひとつ私が恐れているのは，いきなり認知再構成法を導入して認知療法をやったことにされてしまい，「やっぱり日本人には認知療法は合わない」などという結論が安易に導き出されてしまうことです。

　認知再構成法を役立てるためには，準備が必要で，その準備というのが，これまでに紹介した双方向的なコミュニケーションや，アセスメントや，セッションの構造化といった技法なのです。そういう基本的なことができて初めて，認知再構成法が役に立ちます。逆に言うと，何も認知再構成法を実施

表 3-24. 認知再構成法の手順

1. ストレスフルな具体的状況，場面を特定する
2. 上記1における気分・感情を同定し，強度を評価する
3. 上記1における自動思考（イメージを含む）を同定し，その確信度を評価する
4. 検討する対象となる自動思考を選択する
5. その自動思考をさまざまな視点から検討する
6. 新たな思考を案出し，その確信度を評価する
7. 上記1～6の結果（もとの自動思考および気分・感情の変化）を評価する

しなくても，これまでに紹介したスキルを使って面接ができれば，十分にCBTとして面接を展開することができます。

この認知再構成法については，今日のワークショップで詳しく扱いませんが，それは以上のような理由からです。今日は認知再構成法について簡単にご紹介するにとどめます。

認知再構成法の手順

まず，認知再構成法の手順は，表3-24のとおりです。

1番目に，ストレスを感じる具体的な状況や場面を特定します。2番目に，そういった状況や場面における気分や感情を同定して，その主観的な強さを，パーセンテージで表現します。ふつう，同定される気分や感情は複数あります。3番目に，その状況や場面で頭に浮かぶ自動的な思考やイメージ——これを自動思考と呼びます——を同定し，やはりその強さをパーセンテージで表現します。自動思考もふつう複数同定されます。4番目は，同定された複数の自動思考から，その後の検討の対象とする自動思考を選択します。その場その場で自然に浮かんでくる思考やイメージのすべてが自動思考ですが，それらをすべて検討するのではなく，過度にネガティブな感情と関連する自動思考や適応的でない自動思考を選ぶことが必要です。5番目に，選択した自動思考を，さまざまな視点から検討します。そして6番目に，新たな思考を考え出して，その確信度を評価します。最後に，その結果，すなわちもと

の自動思考やもとの気分・感情の確信度や強度を再評価して，認知再構成法の効果検証を行います。以上が認知再構成法の手順です。

認知再構成法の実施例

　表を使って認知再構成法を実施した例をご紹介します（図3-4）。あるうつ病のクライアント（女性）と一緒に作成した表です。なお，表はセラピストが記入してもよいですし，クライアントが記入してもよいのですが，最終的にはクライアントが自分で記入できるように持っていくとよいでしょう。この表は，そのクライアントが自分で記入しました。

　この人はうつ病の診断を受けて，会社を休んでいました。非常に真面目な人で，病気で会社を休んでいるにもかかわらず，地域の楽器のアンサンブルのサークルに入っていて，そちらも苦痛なのに，「休んだら迷惑がかかる」と無理して練習に参加していたのです。そうしたら，同じアンサンブルの仲間が，彼女がうつ病で休職しているのを知っていて，また練習中によほど彼女がつらそうだったのか，「あなたが少し良くなるまで，練習を休もうよ」と言ってくれたのです。それに対して彼女は，切迫感や罪悪感を抱き，「練習しなければならない」「完成させなければならない」「放棄するのは相手に失礼だ」という自動思考が頭に浮かびました。表で，一番上の自動思考を太い線で囲ってあるのは，その自動思考を検討することにしたからです。

　自動思考の検討の仕方については，ここでは詳しく触れませんが，たとえば「この自動思考が本当だとしたら，その根拠は何か？」「この自動思考が妥当でないとしたら，その根拠は何か？」「この自動思考を強く信じ続けることのメリットは何か？」「この自動思考を強く信じ続けることのデメリットは何か？」「このような状況で，このような自動思考を抱いている友人がいたとしたら，その人に何と言ってあげたいか？」といった質問に対してあれこれ考え出してみて，その中から気に入ったものを抽出して，「別の考え」を作り出してみるというふうに検討を進めていきます。

　この人の場合も，そのような検討をあれこれとした結果，別の考えを見つ

第3章　認知行動療法の基本スキル　111

出来事・状況	気分（％）	自動思考（％）	別の考え（％）	結　果
アンサンブルの練習をして，仲間に「少し練習を休もう」と言われた	切迫感(70%) 罪悪感(70%)	練習しなければならない(80%) 完成させなければならない(80%) 放棄するのは相手に失礼だ(70%)	いつか楽しく練習できる日が来たら再開しよう（70％） 相手から「休もう」と言ってくれたのだから，そんなに申し訳ないと思わなくてもいいかも（60％） 義務感ではなく楽器を弾きたいと思えるときが早く来るとよい（80％）	自動思考の確信度60％ 切迫感40％ 罪悪感40％

図3-4. 非機能的思考記録表：記入例

けることができました。そこでそれを記入して，さらにそれぞれの確信度を評価したのです。具体的には「いつか楽しく練習できる日が来たら再開しよう」（70％），「相手から『休もう』と言ってくれたのだから，そんなに申し訳ないと思わなくてもいいかも」（60％），「義務感ではなく楽器を弾きたいと思えるときが早く来るとよい」（80％）でした。自動思考を検討し，新たな考えを導き出すというのは，実はそれほど簡単なことではなく，そのための練習を何度かする必要がありますが，そのような練習を経て，彼女はそれなりに信じられる新たな考えを案出することができたのです。

　そしてその結果，「練習しなければならない」という元の自動思考の確信度が80％から60％に下がり，それに伴い，ともに70％だった切迫感や罪悪感が40％に下がりました。認知を再構成することで，それなりに効果があったことがこれで検証されたわけです。自動思考の確信度が下がった結果が60％だったりネガティブな気分が下がった結果が40％だったりするのは，さほどでもないように思われるかもしれませんが，大体下がり方としてはこのくらいが普通です。自動思考の確信度が一気に0％になったり，ネガティ

ブな気分がほとんどなくなったり，というような劇的な変化は，まずないものとお考えください。20％でも30％でもよいから，認知再構成法を実際にやってみて，少しでも非機能的な自動思考や気分が緩和されることをクライアント自身が体験することが重要なのです。

認知再構成法の導入のポイント

認知再構成法を面接に導入する際のポイントを，ご紹介します（表3-25）。
当然のことですが，クライアントのペースに合わせて進めていくということが1番目です。どんどん練習して，すぐに習得する人もいれば時間をかけて少しずつ進めていく人もいます。どちらがいい悪いではなく，その人が取り組みたいペースがあると思いますので，それに合わせればよいのです。またツールに自ら記入するのを好む人もいれば，「こういうのは使いたくない」と難色を示す人もいます。認知再構成法は確かにツールを使うと便利ですが，絶対にツールを使わないとできない，というわけではありません。真面目な人ほど，目の前にツールがあると，そのツールを完成させることを目的にしてしまいがちですが，目的は「認知の再構成」をクライアントが自分でできるようになることですから，ツールに記入しなくても，対話でそのようなことができれば，それはそれでよいのです。対話で実施した認知再構成法を，カウンセラー側がツールに記入して，「私たちがやったのはこういうことだ」というふうに提示することもできます。

2番目の「クライアントがCBTの基本モデルを理解していることを確認してから導入する」というのが当然だということは，今日のここまでの流れでおわかりいただけるかと思います。自分の体験を，状況との相互作用として，そして認知，気分・感情，行動，身体の相互作用として理解できていなければ，認知再構成法の効果は得られないと言ってもよいでしょう。逆に，CBTの基本モデルに基づいて自分の体験を理解することに慣れているクライアントは，認知再構成法を導入してから習得するまでがとてもスムースです。

表 3-25. 認知再構成法のポイント

1. クライアントのペースに合わせる
2. クライアントが CBT の基本モデルを理解していることを確認してから導入する
3. 対話による体験後，ツールを導入する
4. スキルの一種として，習得にはそれなりの練習が必要であることをクライアントに理解してもらう
5. 認知を「正す」「修正する」のではなく，認知の「幅を広げる」「柔軟性を高める」ことを目的とする

※大前提：カウンセラーが自分のために習得，実践していること！

　3番目は，先の1番目と重なりますが，まずは対話で実施するということです。対話で認知の再構成について理解できていれば，また対話で認知の再構成を体験できていれば，それをツールに書き込めばよいだけですから，ごく自然な流れで習得していけます。たとえばクライアントがストレスを感じた出来事を話してくれ，それを対話上で具体化できれば，「じゃあそれを書きましょうか」と自然に記入できますし，その状況で「こんなことを思った」というふうにクライアントが自発的に自動思考を話してくれれば，「じゃあ，その自動思考をここに書きましょうか」と無理せずツールを埋めていくことができるのです。そのような対話なしに，いきなりツールを提示して，記入するように求めたら，うまくいかないのが当然です。

　4番目の「スキルの一種として，習得にはそれなりの練習が必要であることをクライアントに理解してもらう」というのは，心理教育として何度もクライアントに伝える必要があります。認知再構成法は，車の運転や料理など，ふつうの生活上のスキルと全く同じように，はじめは慣れなくてぎこちなくても，何度も繰り返すうちに，次第に身についてきて，スムーズにできるようになるのです。その際，「他のクライアントさんも皆，そうやって徐々に上達するんですよ」と，これもまた心理教育の一環として伝えると，クライアントのモチベーションが上がります。すぐに上手にできるようになること

を目指すのではなく，まずは一通りやり方を体験してみることを目的とすればよいのです。

　5番目のポイントも重要です。専門的には確かに「認知の歪み」といった言い方をしますが，クライアントの自動思考の歪みを見つけて，それを正すという「矯正モデル」のような見せ方は，臨床的にはあまり気分のよいものではありません。自動思考として出てきたものは，それはそれで仕方がないことですし，クライアントの生活や人生の一部なのですから，それを「歪みを正す」というような見方をするのではなく，さらに別の思考を足していって認知の幅が広がったり，認知的な柔軟性が高まれば，結果的に自動思考の確信度は低まるわけで，それでよいのではないかと思います。またそのような説明の仕方のほうが，クライアントも否定された感じを抱かずに，新たな方法にチャレンジしようという気持ちになるでしょう。

カウンセラー自身が認知再構成法を活用する

　そして以上のポイントの大前提として，認知再構成法をカウンセリングで使うのであれば，カウンセラー自身が自分のために習得し実際に使っていることが絶対に必要です。これは認知再構成法に限らずどんな技法でもそうですが，カウンセラーが自ら習得し，使ってみてその効果を実感している技法だからこそ，クライアントに勧めることができるのではないでしょうか。自ら実践しているからこそ，「ここのところが難しい」とか，「こういうふうにやるとうまくできる」といったことがわかるのです。ですから，もし認知再構成法をカウンセリングで使いたいということであれば，その前にぜひ，自分で使って，マスターしてください。私自身もそうやってマスターしましたし，今でもあまりにもストレスが溜まったときは，実際にツールを使って自分でやります。またそういうことをクライアントにも話します。「え，カウンセラーもこれをやるの？」とクライアントは驚きますが，「誰だって，うんとつらくなることはあります。誰にでも役に立つ方法なのですよ」と説明すると，それがさらに心理教育的な効果を発揮し，クライアントのモチベー

表 3-26. 問題解決法

問題解決法：日常生活における現実的な諸問題によりよく対処するための，認知的／行動的な一連の問題解決スキル。心理学，とくに認知心理学等における問題解決研究が基礎となる

ションが上がります。

以上，認知再構成法の説明でした。認知再構成法は，確かにCBTの重要な技法ですが，最重要項目ではないということと，必ず最初にやるものではない，ということがおわかりいただけたかと思います。

●基本スキル 5. 問題解決法

ではCBTのもうひとつの重要な技法である，問題解決法についてご紹介します。CBTにおける問題解決法とは，表3-26のとおりです。

こちらは私の専門でもありますが，認知心理学における問題解決に関する研究や，ストレスマネジメントに関する研究がベースになっています。問題解決法とは，現実的な問題に対処するための認知的なスキルと行動的なスキルを，クライアントに再習得していただこうという技法です。といっても特別なスキルというわけではなく，私たちがふだん，日常的に行っている問題解決の考え方ややり方を抽出して，マニュアル化したものだとお考えください。

問題解決法の手順と実施例

問題解決法の手順は表3-27のとおりです。

具体例を挙げながら，手順について簡単に説明します（図3-5）。過食嘔吐を主訴とした，ある摂食障害の女の子と実施した問題解決法です。

表3-27の手順1の「問題を具体的に，かつ多軸的に表現する」が，図3-5の①に該当します。このクライアントはひとり暮らしをしていたのですが，夕方や夜，家にひとりでいると発作的に過食してしまうのです。そして一度

表 3-27. 問題解決法の手順

1. 問題を具体的に，かつ多軸的に表現する
2. 問題解決に向けて，認知を適応的・機能的に整える
3. 現実的な解決状況をイメージし，課題として表現する
4. 課題到達のための方法を，ブレインストームする
5. 上記4の諸方法を，その有効性と実行可能性から評価する
6. 認知および行動的な計画をシナリオ化する
7. 上記6の計画を実践し，結果を検証する

①問題状況	②考えをととのえる	③解決・改善状況のイメージ	④課題・手段の案出と検討（有効性%）（実行可能性%）	⑤実行計画
食べだすと止まらない。家にひとりでいる夕方，夜。家に食べ物があるとき。1回やると投げやりになり，続けがち	「原因を分散しよう」「他のことをしよう」	1回やってしまう。家に食べ物がある。ひとりでいる。やったほうがいいことをしている。休憩にちょっと食べる。また元のやっていることに戻る	1. 食べるものをしまっておく (20%) (100%) 2. コーヒーなどをいれて飲む (40%) (70%) 3. やるべきことは時間や範囲を決める (20%) (20%) 4. 他のことをする，考える (30%) (80%) 5. 歯を磨く (40%) (40%) 6. ガムにする (10%) (40%) 7. 身体を動かす。家事をする (20%) (50%) 8. 貯金する (50%) (50%)	帰ったらさっと歯を磨く 食べ物を出さない スタッフ会に持っていくCDを聴く スープかコーヒーにする

図 3-5. 問題解決法：記入例

　過食すると，「どうせ」「もういいや」という感じで投げやりになってしまい，発作的に何度も過食嘔吐をしてしまうのです。「多軸的に表現する」というのは，別に大層なことではなく，CBTの基本モデルの一要素だけで問題を表現せず，状況，認知，行動，気分などできるだけ多くの視点から問題を表

現するということです。

　手順2の「問題解決に向けて，認知を適応的・機能的に整える」というのは実は非常に重要ですが，詳しくは説明しません。参考文献の『問題解決療法』[3] をお読みいただければと思いますが，要するに，問題を表現して，すぐに目標設定をしようとするのではなく，問題を表現した後，よい方向に問題解決を進めていけるように，認知的な準備をしておくということです。たとえばこの事例のクライアントには，「どう考えてみると，この件を良い方向に持っていけそう？」と聞いて，出してもらったのが図に記載されている「原因を分散しよう」「他のことをしよう」という2つのせりふです。たとえば問題の原因のすべてを，「自分が弱いからだ」と自分に帰属させてしまったら，その後の目標も「自分が強くなる」といったリアリティのないものになってしまう恐れがあります。しかし，「原因を分散しよう」と考えて，「投げやりになって過食嘔吐を続けてしまう」という問題を，たとえば「家に食べ物があるから」「夜ひとりでいるとさみしくなるから」などいろいろな原因に分散できれば，より具体的で現実的な目標を立てられますし，解決に向けての突破口を見つけやすくなります。このように，まず問題状況に対する認知を柔軟にしておいてから先に進めようというのが，CBTにおける問題解決法の特徴です。

　そのような準備を行ってから，問題状況が少し改善されたときの状況を，具体的にイメージしてもらい，それを解決課題として表現します。それが図3-5の③です。ここでのポイントは，「過食嘔吐を絶対にしない」という課題ではなく，「1回はやってしまったけれども，その後過食嘔吐を続けないで，自分のやるべきことをやっている」という状況を現実的な課題として出したことです。ちょっと工夫すればできそうなことを課題にするのです。

　そして③を実現させるために，どんなことができそうか，行動的あるいは認知的な工夫をブレインストーミングによってたくさん出してもらったのが図3-5の④の部分です。ここでは8つの案が出されましたが，30も40も出してもらうこともざらにあります。そして図3-5の④の，案の隣に並べて

書いてある数字が，それぞれ，その案についての「有効性」と「実行可能性」です。0から100までの数字をパーセンテージで表現してもらいます。これらの評価は，必ずブレインストーミングを終えてから行います。たとえば「食べるものをしまっておく」という1番目の案については，彼女は有効性を20％，実行可能性を100％と評価しました。目に付かないところに食べ物をしまうこと自体は，やろうと思えば簡単にできるので実行可能性は高いのですが，しまってある食べ物を取り出して過食してしまう可能性が高いということで，有効性は低く見積もられています。こんなふうにひとつひとつの案を評価していきます。これらの評価が，手順5「課題解決のための諸方法を，その有効性と実行可能性から評価する」に該当します。

　そして手順6「認知および行動的な計画をシナリオ化する」に進みます。これが図3-5の⑤「実行計画」に該当します。具体的な課題を立て，課題到達のための方法をあれやこれや考え，評価してもらったうえで，とりあえず計画を立ててみるのです。この計画は完璧である必要はありません。問題状況を改善するために，まずは何らかのできそうな計画を立ててみる，ということが重要です。この計画は実行しない限り「仮説」にすぎません。ですから手順7「手順6の計画を実践し，結果を検証する」で，仮説が実際にはどの程度効果があるのか，あるいは効果がないのかを，検証するのです。問題解決法の場合は，計画を実生活で実践し，検証するというこの手順が欠かせません。そしてその結果を，また次のセッションで報告してもらうわけです。

　この事例のクライアントの場合は，「帰ったらさっと歯を磨く」「食べ物を出さない」「スタッフ会に持っていくCDを聴く」「スープかコーヒーにする」という計画を立てました。これらの計画が，課題達成のために役に立つかどうかは，この時点ではわかりません。そこでこれらの計画を実行してみて，結果を報告するというのをホームワークとして，次のセッションで，やってみてどうだったかを報告してもらったのです。この事例では結果は良好でしたが，それが重要なのではありません。良好でなければ，再度前の手順に戻って何度でもやり直せばよいのです。重要なのは，このような手順を踏んで，

表3-28. 問題解決法のポイント

1. クライアントのペースに合わせる
2. クライアントが主体的に問題解決に取り組めるよう、手助けする
3. クライアントが問題解決法のスキル自体を習得するよう援助する
4. 問題の表現および認知的準備を、丁寧に行う
5. ブレインストーミングの時間を、十分に取る
6. 計画は、「うまくやる」ためでなく、「実行して検証する」ためのものであることを、強調する。すなわち「実験してみること」が重要であることを強調する

ストレス状況やストレス反応に対して問題解決をしていこうという認知的・行動的な構えが、クライアントの中に形成されていくことです。

問題解決法のポイント

では、問題解決法のポイントです（表3-28）。

1番目は、先ほどの認知再構成法と全く同じです。クライアントのペースに合わせることです。2番目は、クライアント自身が問題解決において主体的になれるよう手助けする、というスタンスをカウンセラー側が取るということです。さらに3番目は、このような手順を何度も踏むことによって、問題解決法のスキル自体をクライアントが内在化して、自らさまざまな問題に適用できるよう、援助するということです。4番目の「問題の表現および認知的準備を、丁寧に行う」というのは、先ほど説明したとおりですし、ここが解決志向アプローチと異なるところです。5番目のポイントも非常に重要で、ブレインストーミングを十分に行って、たくさんの案を出せれば出せるほど、効果と実効可能性の高い計画を立てられるということです。大事なのは、早く計画を立てることではなく、問題の表現、認知的準備、ブレインストーミングなど、ひとつひとつの手順を丁寧に、確実に行っていくことなのです。そして最後のポイントは本当に重要です。計画を立てたら立てたで、クライアントの中には、「うまくいくだろうか」「うまくいかなかったらどう

しよう」と不安になる人がいます。しかし先にも述べたとおり，計画はあくまでも計画で，問題解決のための「仮説」にすぎないのです。うまくやることが目的ではなく，実験を通じて仮説を検証することが大事なのです。このことは，やはり心理教育として何度もクライアントに説明します。クライアントの問題解決ですから，そのための仮説を検証する現場を持っているのは，そのクライアントだけなのです。ですからセッション中に一緒に立てた仮説が，どれだけ効果的か，あるいはどれだけ効果的でないか，実験をしてみて，その結果をセッションに持ち帰ってくれれば十分なのです。このような説明をすれば，クライアントは安心しますし，実験に対するモチベーションも上がります。

認知再構成法と問題解決法の注意点

以上，認知再構成法と問題解決法についての簡単なご紹介でしたが，ここでもう一度この２つのスキルについて，注意点を挙げておきます。この２つのスキルは，確かにCBTの二大スキルと言ってもよいくらい，慎重に適用すれば効果の高いものです。ただしこの２つの技法はあくまでも，今日，詳しく述べてきたスキル１（双方向的なコミュニケーション），スキル２（アセスメントと心理教育），スキル３（セッションの構造化）といったごく基本的なスキルのベースがあって初めて，その効果が発揮されるものとお考えください。逆に言うと，スキルの１から３までをしっかりと実現できれば，認知再構成法や問題解決法といった特別な技法を用いなくても，効果的に展開していける事例はたくさんあります。CBTの初心者の失敗ケースの多くが，これら基本的なスキルを実践することなしに，認知再構成法をいきなりクライアントに提示し，ツールを導入してしまうことによって起きているのだと思います。

●**基本スキル６．その他の認知行動技法**

では基本スキル６に入ります。と言っても，６番目のスキルを紹介するわ

表 3-29. その他の認知行動技法

・リラクセーション法	・認知行動リハーサル
・イメージ技法	・ブレインストーミング
・ロールプレイ	・フリートーク
・モニタリング	・スケジューリング
・アサーション	・SST（社会技能訓練）
・読書療法	・外在化
・モデリング	・曝露反応妨害法
・系統的脱感作	・その他

けではなく，これまでご紹介した以外にも CBT ではたくさんの技法がありますので，とりあえずどういうものがあるのか，リストを示すだけです（表 3-29）。詳しくは参考文献をお読みください。またここに挙げたものがすべてではありません。特に私が日常的に用いているスキルを，ざっと並べてみただけです。

説明可能な技法を用いる

基本原則のところでご紹介したように，CBT の場合，いろいろな技法があるので，そちらに目が向きがちですが，アセスメントをして，カウンセリングでの目標を設定して，その目標を達成するために役に立ちそうな技法を選ぶという流れが重要なのであって，「はじめに技法ありき」では決してありません。そして技法は，理論や基本モデルに基づいて説明が可能なものであれば，さらにその技法がクライアントの援助に役立ち，なおかつリスクの低いものであれば，何でも試みてよいのだと思います。「説明が可能」というのは特に重要です。どうしてその技法を適用するのか，理論的そして実証的な裏づけがないと説明できないからです。そして CBT では心理教育的な説明を重視しますから，説明ができない技法は使うべきではありません。

表 3-29 にパーッと挙げた技法ひとつひとつについて今説明する余裕はありませんが，これだけは説明がほしいというのがありましたら，それは遠慮

なくおっしゃってください。

参加者1：「フリートーク」というのは，先ほどのアジェンダ設定のロールプレイに出てきた「自由に話をする」というのを技法として考えるということですか？

伊藤：はい，まさにその通りです。クライアントさんが自由に語るというのをあえてひとつのスキルと考え，CBTの構造の中に組み込んでいこうという発想です。

参加者2：「読書療法」というのは？

伊藤：これは英語のbibliotherapyを直訳して「療法」などと言うから，わかりづらいのですが，要するに市販されているCBTの当事者用の本をクライアントさんに読んでもらうということです。カウンセラーとのコミュニケーションを通じてのCBTと，クライアントさんが本を読むことによる自己学習を並行して進める場合があり，それを読書療法と呼んでいます。たとえばホームワークとして，『うつと不安の認知療法練習帳』[7]の第1章を読んできて，その感想をカウンセラーに伝えるという課題を設定したりします。

参加者3：「外在化」というのは，ブリーフセラピーの外在化とは違うんですか？

伊藤：現象としては同じだと思います。ただもとになる理論が違うと思います。CBTでの外在化は，認知心理学で言われている人間の情報処理能力の制約を補うという目的があるかと思います。なるべく情報を外在化して，脳の処理機能の負担を下げようということです。さらに，CBTでの外在化は，「客観視」を目的としています。もう少し正確に言うと，メタ認知機能やメタ認知能力の向上を，外在化を通じて図るということです。

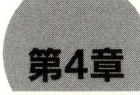

第4章 認知行動療法カウンセリングの実際
うつ病性障害

　それではこれまでも何度かご紹介してきた抑うつ症状を主訴とするYさんの事例を，特に今日の本題である双方向的コミュニケーション，アセスメントと心理教育，CBTの全体の流れおよびセッションの構造化といった点を中心に紹介していきます。便宜上この事例を「事例1」と呼ぶことにします。

事例1の概要

事例1——認知行動療法開始時までの概要

　まずCBTを開始するまでの事例の概要です（表4-1）。
　Yさんは30歳代後半の男性で，かなり大きな会社で営業職に就いていました。初回面接までの経過は，大うつ病エピソードが今回で3回目ということでした。1回目は大学生のときに，2回目は就職して数年後に生じています。3回目の今回は経過が長く，6年前に発症しており，精神科クリニックに通院し，薬物療法をずっと続けています。4年前に，来談者中心療法アプローチによるカウンセリングを，通院先のクリニックで開始しましたが，3回のセッションの後，中断しています。薬物療法開始後は，部分寛解と言えるか言えないくらいのレベルで症状が長引いていたのですが，最近症状が再燃して，職場不適応を起こし，「このままではちょっとまずい」ということで，主治医との相談の上，CBTを導入することになり，クリニックに所属する

表 4-1. 事例 1―認知行動療法開始時までの概要

- クライアント：Y さん。男性。30 歳代後半。会社員（営業職）
- 初回面接までの経過：大うつ病エピソードは 3 回目（大学生時，就職数年後，今回）。6 年前に抑うつ症状が再発し精神科を受診，薬物療法を継続中。4 年ほど前に来談者中心療法志向のカウンセリングを受けたが 3 回で中断。最近，症状の再燃により職場不適応を起こし，さらなる治療的対応が必要となったため，主治医の勧めにより CBT を導入することになった
- 診断：大うつ病性障害

カウンセリングルームに勤務していた私が担当することになりました。診断は，DSM-Ⅳで言うと，大うつ病性障害の基準を満たしています。

職場不適応について補足すると，Y さんは当時，業務上のパフォーマンスがかなり悪化していて，その結果，職場での立場が相当悪くなっていました。上司は Y さんの病気や通院について知っていて，本来上司がそういうことを言うべきではないと思うのですが，Y さんに対して「入院しろ」と言ってみたり，暗に退職を勧めるようなことを言ってみたりしていました。主治医はそういう状況を知って，「一度仕事を休んで，きちんと治したほうがよいのではないか」と Y さんに仕事を休むことを勧めましたが，本人が「仕事は休みたくない」ということだったため，主治医から積極的なカウンセリングとして CBT があるという紹介をしたところ，Y さんも「やってみたい」ということになり，CBT を開始することにしたのでした。

事例 1――認知行動療法の概要

次は Y さんと私で行った CBT そのものの概要です（表 4-2）。

ある年の 6 月から CBT を開始して，8 カ月間で計 11 回の面接を実施しました。そこで終結ということにし，さらにその半年後にフォローアップのための面接を 1 度実施しましたので，正確に言えば 12 回のセッションが実施されたということになります。その後は何度か手紙のやりとりをしてフォロ

表 4-2. 事例1―認知行動療法の概要

- X 年6月より約8カ月間で，計 11 回の CBT 面接を実施。終結の半年後にフォローアップ面接を1回実施。さらにその後数回，手紙のやりとりでフォロー。最終フォローアップは終結の5年後
- 面接：1 回 50 分。予約制。有料（1 セッション 8000 円）
- 治療面接構造：医師の診療と並行
- BDI：CBT 開始時 34 ポイント→終結時 8 ポイント→フォローアップ時 6 ポイント

―をしていましたが，終結の5年後に最終フォローアップという形で手紙のやりとりをして，フォローも終わっています。

面接は予約制で，1回50分でした。有料で，当時，1回のセッションにつき 8000 円の料金を頂戴しておりました。医療機関所属の相談機関ということで，医師の診療と並行してカウンセリングを実施しました。BDI（ベックの抑うつ尺度）を評価のために使っていましたが，CBT を開始したときは 34 ポイントでした。現在は標準化された BDI-Ⅱというのがあってそれを使っていますが，当時はオリジナルの BDI でした。いずれにせよ 34 ポイントというのは重症のカテゴリーに入りますが，極めて重症というほどではありません。これは私の印象ですが，30 ポイント台というのは，治療を受けながら何とか仕事も続けられるという人が多いように思います。Y さんの BDI のポイントは，終結時には 8 ポイント，フォローアップ時には 6 ポイントで――現在の BDI-Ⅱであれば 13 ポイント以下は「抑うつ状態ではない」という評価が与えられることからもわかるとおり――かなり回復し，それが維持されていたということになります。

事例1――認知行動療法の全体的な経過

Y さんとの CBT の経過を，おおまかにまとめてみました（表 4-3）。

導入期，実践期，仕上げ期と命名しましたが，これは終結後にこの事例をまとめるため便宜上，そのように名前をつけたにすぎません。たとえば4回

表 4-3. 事例 1 —認知行動療法の経過

- 第 1 期（初回～第 4 セッション）**導入期**
  関係形成。アセスメント。心理教育。ホームワークの開始。認知行動課題の導入。具体的面接目標の設定
- 第 2 期（第 5 ～第 9 セッション）**実践期**
  CBT の技法（特に認知再構成法と問題解決法）の導入と積極的適用：対話とホームワーク課題を通じて
- 第 3 期（第 10 ～第 11 セッション）**仕上げ期**
  効果と改善の維持と般化。面接全体のまとめ。再発予防のための話し合い
- フォローアップ
  自助と効果の維持の確認

で導入期を終えて5回目から実践期に入ろう，という計画を予め立てて進めたわけではなく，結果的に表4-3のような流れになったというふうにご理解ください。この事例の場合は，初回から第4セッションまで4回のセッションを使って，ラポールを形成したり，アセスメントや心理教育を重点的に行ったり，ホームワークを開始してそれに慣れてもらったり，CBT的な課題を部分的に導入したり，具体的な面接目標を決めたりといったことをしましたので，それを「導入期」としました。今日の初級ワークショップでお伝えしたいことは，すべてこの導入期に含まれていますので，この後，導入期については詳しくご紹介します。

第5から第9セッションまでを，これも後で「実践期」と命名しました。ここでは認知再構成法と問題解決法などのCBTの主要技法を，Yさんに積極的に実践してもらった時期です。第10，第11セッションは，終結に向けて仕上げをした時期で，面接全体を振り返ったり，再発予防のための対策を立てたりしました。そして半年後のフォローアップ面接では，CBTで習得したことをYさんが日常生活で実践しつづけていることや，Yさんのよい状態が維持されていることを確認しました。第5セッション以降は今日のワ

表 4-4. 認知行動療法の導入期における課題

1. CBT 的コミュニケーションを提供し，活発な双方向的対話のできる関係をカウンセラー - クライアント間に形成する
2. 全体像をアセスメントする（問題の経過および現状）
3. 心理教育を実施する（症状および CBT について）
4. 具体的で現実的な面接目標を設定する
5. クライアントの CBT へのモチベーションを高め，協同的問題解決チームとして機能できるようにする

ークショップの目的からは外れますので，大体の流れをご紹介するにとどめます。

認知行動療法の導入期における課題

　Y さんとの CBT の導入期をご紹介する前に，CBT 一般における導入期について，少し説明します。導入期において，カウンセラーが課題とすべき点についてまとめました（表4-4）。そしてこれらがまさに，今日のワークショップを通じて皆さんに提示してきたことでもあります。
　1つ目は，まずカウンセラーは，CBT 的なコミュニケーションを提供し，活発な双方向的対話をクライアントとの間に構築していかなければなりません。その結果，そのような対話ができるような協同関係が，クライアントとの間に形成されるのです。
　2つ目は，全体像をアセスメントするということです。問題の現状をアセスメントすることが何よりも重要ですが，特に問題の経過が長い場合は，それもきっちりと把握する必要があります。
　3つ目は，クライアントの抱える問題や，CBT それ自体についての心理教育を実施するということです。アセスメントも心理教育も，面接を通じて継続して行われるべき作業ですが，特に導入期には，これらをしっかりとやっておく必要があります。

4つ目は、具体的で現実的な面接目標を、クライアントと話し合ったうえで設定するということです。

5つ目は、以上のような課題に取り組みながら、CBTに対するクライアントのモチベーションの向上を図るということです。そしてカウンセラーとクライアントが、問題解決のためのチームを組み、協同してやっていこうというムードを作っていくことです。意欲のあるチーム作りと言ってもよいでしょう。

以上がどの事例にも当てはまる、CBTの導入期における課題でした。ではこれからYさんとのCBTでの導入期を、詳しくご紹介していきます。まず初回セッションについてです（表4-5）。

事例1──初回セッション：経過と現状を聴取する

現在私が運営している機関は、インテークとして別枠のセッションを設定していますが、当時の勤務先にはそのようなシステムがありませんでしたし、ドクターからもあまり詳しい指示や情報が提示されなかったので、初回セッションでは、主訴について経過と現状をヒアリングしました。

まずYさんの抑うつの経過については先ほども申しましたとおり、大うつ病エピソードは3回起きています。1度目は大学生のときで、病院を受診することもなく、自然に寛解したようです。2度目は20代のときで、このときはうつ病だと自覚し、精神科を受診し、薬物療法によって数カ月で寛解したとのことでした。3度目が今回なのですが、6年前に転勤し、東京に引っ越した後に発症し、6年間精神科クリニックに通い続けており、部分寛解といえるかどうか、といった状態のままズルズルと症状が続いています。3回とも引き金となるライフイベントがあり、1回目は失恋、2回目は異動、3回目は転勤です。ちなみにYさんは結婚していて、当時小さな子どもが1人いました。家族関係は良好とのことで、生育歴や現在の家族生活については、あまり詳しくは聞いていません。

これはうつの再発、再再発でよくみられることですが、Yさんも、今回は

表 4-5. 事例1―初回セッション：経過と現状の聴取内容

- 大うつ病エピソードは3回目。今回は部分寛解のまま6年間続いている。毎回，何らかのライフイベント（失恋，異動，転勤など）が引き金になっている
- 薬物治療により最悪の状態は脱しているが，それ以上の改善がみられない
- 以前のカウンセリングは，話をするだけで意味がわからないのでやめた。話なら妻に聞いてもらえるので
- 最近，仕事状況に多少変化があり，パフォーマンスが低下し，職場での立場が悪化している。特に上司や同僚との関係が悪化し，暗に退職を迫られたこともある

再再発で，薬物療法により最悪の状態は脱しているのですが，それ以上の改善がみられないまま，すっきりしない状態が続いているわけです。BDIで30点台と言いましたが，まさに「30点台のうつ」という感じでした。30点台は重症のカテゴリーに入りますが，たとえば同じ重症でも50点台の人の場合，本当に最悪な状態であることを本人も自覚し，とても仕事に行けるような状態ではないのですが，30点台というのは，最悪ではないけれどもかなりつらい，という感じだと思います。

以前受けたというカウンセリングについても，少しヒアリングしました。本人いわく，「ただ話をして，話を聞いてもらうだけのカウンセリングだった」とのことです。Yさんは日常的に，奥さんとかなり話をしているので，「話をするだけというカウンセリングは，意味がわからないのでやめた。妻と話すなら，お金もかからないし」ということでした。

そして最近，仕事の状況に多少変化があり，そのぶん業務が増え，負荷が重くなったということで，それに反応するかのように抑うつ状態が悪化し，仕事のパフォーマンスが低下して，その結果，職場での立場まで悪化してしまうという状況に陥ってしまったわけです。

表4-6. 事例1——認知行動療法に至る経緯と認知行動療法に対するYさんの要望

- 以前から1,2回目と違って「すっきり治らない」ことが気になっていた。さらに職場での立場悪化を主治医に報告したところ,CBTという積極的なカウンセリングがあることを教えられ,興味を抱いた
- CBTによってセルフコントロールできるようになる,というのがいいと思う。うつをコントロールできるようになればいい
- お金と時間がないので,あまり回数をかけたくない。できるだけ早期の終結を望む

事例1――認知行動療法に至る経緯と認知行動療法に対するYさんの要望

　ではYさんがCBTを開始するに至る経緯と,YさんのCBTへの要望についてご紹介します（表4-6）。

　Yさん自身,今回で3回目のうつということは自覚しており,1,2回目はさほど時間もかからずにすっきりと治ったのに,今回はダラダラと症状が続き,すっきり治らないということが気になっていたのだそうです。そしてさらに仕事のストレスに関連して,状態が悪くなり,先ほど申し上げたとおり職場での立場が悪化してきたため,それを主治医に訴えたら,認知行動療法という積極的なやり方のカウンセリングがあるということを教えられ,「それだったら受けてみたい」と興味を持ち,予約を取ったとのことでした。

　その際主治医からごく簡単にCBTについての説明を受け,「CBTとは症状を自分でコントロールできるようになるものだ」と理解したようなのです。初回セッションでも,「セルフコントロールというのがよいと思う」と言っていました。CBTによって自分のうつをコントロールできるようになりたい,というのがYさんの要望でした。

　初回ではさらに,ペースや機関や面接回数について,クライアントの要望を聞きますが,Yさんはこれについては非常にはっきりしていました。お金と時間がないので,できるだけ少ない回数で,早めに終わりたいということを明確に述べました。この事例を紹介する理由は,Yさんの要望に沿って,フリートークなどはあまりせずにCBTをどんどん進めていったので,スタ

表 4-7. 事例1―初回セッションで行われたこと

- 経過と現状の把握
- 主訴とニーズの確認
  うつによる仕事上の問題。CBT によってうつをコントロールしたい
- アセスメントの開始
  ざっくりとした全体像の把握。BDI = 34 ポイント
- 心理教育
  抑うつ症状の CBT 基本モデル。CBT の目的と進め方について
- ホームワーク
  基本モデルに基づく職場での落ち込みに関する自己観察

ンダードな CBT の流れをわかりやすく皆さんに提示できるからです。

このように初回セッションでは，経過と現状，そして主訴とニーズを確認したうえで，ざっくりとしたアセスメントを開始し，抑うつ症状や CBT に関する心理教育を行うというふうに，どんどん進めていきました。ホームワークについても説明し，自己観察課題を依頼しました。それらをまとめてみます（表4-7）。

初回セッションにおけるホームワークの設定

基本的に，カウンセリングでの目標を設定し，その目標を達成するための技法を選択する前には，認知再構成法など特別な技法を本格的に始めるということはしません。しかしホームワークは初回セッションから設定することが必要ですから，だいたいは自己観察課題を出すことになります。セルフモニタリングをしてもらって，その観察内容を次のセッションで報告してもらうのです。その場面，すなわち初回セッションでの最後の対話をご紹介します。

【事例1―初回セッションでの最後の対話】

Co：今回は，職場での落ち込みについて自己観察してきていただく，というのを

ホームワークにしたいと思いますが、いかがでしょうか？
Y：いいですよ。（メモの準備をする）
Co：先ほど説明した認知行動療法のモデルに沿って、ご自分の認知や行動や感情や身体のパターンを、よく観察してみていただきたいと思います。
Y：わかりました。（ホームワークの内容をメモ書きする）
Co：観察してみて、どんなに小さなことでもよいので、その観察の内容や、Yさんが気づいたことなどを、次回、私に教えてください。その際、今やってくださっているように、メモを取ってきていただけると、お互いに話がしやすいかと思います。いかがでしょうか？
Y：わかりました。やってみます。

　YさんはCBTのクライアントとして非常に優秀な人で、こちらが言わなくてもホームワークの課題をメモしようとしてくれました。そうでない場合は、クライアントがメモを取るように促すか、カウンセラーが書いて渡すかする必要があります。また自己観察課題についても、ただ単に「観察してください」と依頼するのではなく、「観察内容や気づいたことを、私に教えてください」と依頼するほうが、協同作業という感じを生み出します。
　次にご紹介するのが、第2セッションでの対話です。先ほどアセスメントのところでご紹介したやりとりです。

【事例1—第2セッションでの対話】
Co：前回出したホームワークは、職場での落ち込みについて自己観察してくるという課題でした。いかがでしたでしょうか？
Y：会社に行って、仕事が溜まっていると、落ち込んでしまうようです。
Co：仕事が溜まっているって、どんな仕事がどんなふうに溜まっているのでしょうか？　教えていただけますか？
Y：営業日報や週報を書くといった、書類仕事です。ちょっとサボると、たちまち未記入の書類が溜まってしまうのです。
Co：溜まってしまうって、日報や週報がどれくらい、どんなふうになっているの

ですか？
Y：日報も週報も常に2週間遅れくらいの状態です。担当の女性や上司に出せと言われるまで，机の上に放ってあるんです。
Co：それらの書類は，どういう状態なのですか？　途中まで書いてあるのですか？　それとも全くの手付かずの状態なのでしょうか？
Y：ああ，ほとんど手付かずです。何も記入してない書類の山を見ると，本当に気が重くなります。
Co：ちょっとまとめさせてください。週報や日報など，普段の仕事でやらなくてはならない書類が，Yさんの場合，手付かずのまま溜まっていて，常に2週間遅れくらいになってしまうのですね。で，上司や担当者からせっつかれるまで，そのままになっている。Yさんは会社に行って，その書類の山を見ると，気が重くなって，落ち込んでしまう。これで合っていますか？
Y：合っています。その通りです。
Co：確かにこの状況は，Yさんにとって気の重いものでしょうね。
Y：ええ，そうなんです。朝，会社に着いて，すぐ気が重くなっちゃって，落ち込んでしまうのです。
Co：今までおうかがいしたことを，少しまとめてみましょう。Yさんは，会社に行って，仕事が溜まっているのを見て，「何もやりたくない」「やってもどうせ終わらない」と考え，50％くらい落ちこんでしまう，ということでした。
Y：その通りです。
Co：そして，書類仕事に全く手をつけられないまま，外回りに出てしまうのでしたね。
Y：そうです。
Co：次にいつ，ご自分の席に戻ることが多いですか？
Y：外勤から戻るのが，大体夕方過ぎです。
Co：席に戻って，また山積みの書類が目に入りますか？
Y：嫌でも目に入りますね。
Co：そして先ほどのお話では，「また今日もやらなかった」「明日こそやろう」と考えて，その日は結局，書類仕事はそのままになってしまう，ということでしたね。

Y：そうです。それがいけないんですけど。
Co：そういうことが何日か続くと，その後，どういうことになるのですか？
Y：大体は，上司に叱られるハメになります。
Co：どんなふうに？
Y：「いい加減にしろ！」とか「何回言ったらわかるんだ？」とか。
Co：そんなふうに叱られて，Yさんはどういう状態に？
Y：ひどく落ち込みます。そして，ますます何もできなくなります。
Co：そのときの落ち込み度は，何十％くらいですか？
Y：90％くらいです。
Co：そのときYさんの頭に浮かぶのは，どんなことでしょうか？
Y：自分を責めてばかりです。
Co：たとえば，どんなふうに？
Y：「どうして自分はいつもこうなんだろう」とか，「ああ，また同じことをやってしまった」とか，「自分は本当にダメ社員だ」とか……。いろいろです。
Co：そう考えると，どんな気分になりますか？
Y：さらに落ち込みます。
Co：そうでしょうね。身体は，どんな感じになるのでしたっけ？
Y：いつもと同じです。すごくだるくなって，眠たくなるのです。あと胃がズシンと重たくなる。
Co：そうでしたね。そしてYさんはどうするのですか？　書類はどうなってしまうのですか？
Y：もうとても書類を作ろうとは思えなくて，でも机の上に置いておくわけにもいかず，家に持ち帰ります。そして週末の休みをつぶして家でやるのです。
Co：休みをつぶして，家で書類を作るのですか？　それはYさんにとって大変なことではありませんか？
Y：ええ。でもここでやって出さないと，いよいよ立場が危うくなりますから。もっと大変になってしまいます。
Co：休日に，溜まった書類仕事を何とかやり終えたとき，Yさんはどんなふうに感じたり，考えたりするのですか？
Y：疲れますが，とりあえずホッとします。今度こそ，こまめに書類を作って出

そう，と心に誓います。でも……。
Co：でも？
Y：また同じことを繰り返してしまうのです。

ソクラテス式質問法を有効に活用する

　ここでの対話のポイントは，できるだけ具体的に話をしていただくためのソクラテス式質問法を多用するということでした。Yさんの言う「落ち込み」を，できるだけ生き生きと本人に話してもらい，共有するのです。また一見，アセスメントのためだけの対話のようですが，上述のやりとりでは，質問によって教育を行ったり，後ほどの介入のための準備を行ったり，ということを実はしているのです。

　たとえば，「そう考えると，どんな気分になりますか？」というカウンセラーの質問は，「考えが気分に影響を与える」ということを暗に示しています。「考えが気分に影響を与えるんですよ」と説明することだけが心理教育ではありません。自然な対話のなかで，クライアントがCBTのモデルを自然に習得するように，こういう尋ね方をしているのです。また，「そのときYさんの頭に浮かぶのは，どんなことでしょうか？」というのは，実は自動思考を同定するときに使う質問です。それに対しYさんが「自分を責めてばかりです」と答え，カウンセラーはさらに「たとえば，どんなふうに？」と尋ねたところ，Yさんの回答は，「どうして自分はいつもこうなんだろう」とか，「ああ，また同じことをやってしまった」とか，「自分は本当にダメ社員だ」というものでした。この3つは自動思考です。この時点で，Yさんが認知再構成法をやるかどうかは決まっていませんでしたが，ちょっとした質問をするだけでYさんが自動思考を同定できるかどうか，カウンセラーはあたりをつけているのです。そしてこれらの自動思考をメモしておくのです。すると，後のセッションで自動思考を扱う際に，「この間の話で，Yさんのおっしゃっていた『どうして自分はいつもこうなんだろう』『自分は本当にダメ社員だ』というのが，自動思考なんですよ」と説明することができます。

では対話の続きをご紹介します。

【事例1—第2セッションでの対話　つづき】

Co：他にはどんなことを観察しましたか？　今と同じように具体的に教えてください。

Y：昨日のことでした。ただでさえ仕事が溜まっていたのですが，昨日はある得意先を訪問する日でした。そこに行けば，こちらのミスのせいでクレームを受けることがわかっていました。(略)とりあえず外出しましたが，得意先に行きたくなくて，喫茶店でグズグズ時間をつぶしていました。(略)結局得意先には行かず，夜会社に戻ったのですが，得意先からボクが行かなかったことに対するクレームが上司に入って，上司にさんざん叱られました。(略)最近こういうことが多いのです。それで会社でも皆の目が怖いし，仕事は片付かないし，立場は悪くなる一方だし……。

Co：すると，行けばクレームをつけられるとわかっている得意先に行かなくてはならない，というのが発端だったのですね？　そのときどんな気分や感情がYさんの中に生じていましたか？

Y：行く前から落ち込んでいました。

Co：何十％くらい？

Y：すでに70％くらいだったでしょうか。

Co：身体の感じはいかがでしたか？

Y：疲れて，重たい感じでした。やはりズシンと胃が重たくなってきました。

Co：そのとき，どんなことが，どんな考えやイメージがYさんの頭には浮かんでいたのでしょうか？

Y：ただ，「行きたくない」ということです。

Co：他にはどうでしょうか？　得意先に行ってクレームを受ける場面を想像したり，考えたりはしていませんでしたか？

Y：していました。クレームを受ける場面を想像しました。

Co：そういう場面を想像して，Yさんの頭には，どんな考えやイメージが浮かびましたか？　どんなせりふのようなものが，頭に浮かんだのでしょうか？

Y：「クレームはクレームだ。自分にはどうすることもできない。どうせ後で上司

に叱られるのだから」ということです。

Co：そこでYさんは，外出はしたけれども得意先には行かず，時間をつぶしてから会社に戻ったのですね？

Y：そうです。て，得意先から上司に電話があったということで，結局上司にさんざん叱られたのです。

Co：前回と今日のお話から，最近特に，このようなことがYさんには多いようですね。（略）結果的に上司には叱られるし，溜まった仕事は持ち帰りになるし……。（略）最初のきっかけに話を戻しますが，昨日，得意先に行かなかったのは，Yさん自身を救うことになっているのでしょうか？ 最初の落ち込みは，その後マシになっているのでしょうか？

Y：マシにはなっていませんね。こうやって改めて考えると，よくわかります。でも，自分では身動きが取れなくて，どうしたらよいかよくわからなくて……。どうしたらよいのでしょうか？

Co：……うーん。「どうしたらよいのでしょうか？」と今おっしゃいましたが，私が簡単にそれに答えられるようなことであれば，そもそもYさんは，ここにはいらっしゃらないわけですよね？

Y：本当にそうですね。

Co：こうやって具体的にお話をうかがって，私なりによくわかったことは，クレームを受けることを事前に考えて落ち込む，そこで得意先に行けない，重たい気分や体調のままで外で時間をつぶす，会社に戻って上司に叱られる，仕事は溜まったまま，さらに落ち込みうつ状態がひどくなる，でも今は会社を休みたくない，休めない……というような悪循環のパターンがありそうだ，ということです。

　この対話のポイントのひとつは，この前の対話で，カウンセラーが「具体的に教えてほしい」という質問をしつこく重ね，具体的な報告をすることが大事だということを，おそらくYさんが理解したので，今度はこちらがしつこく質問をしなくても，Yさんが自発的に具体的な報告をしてくれたということです。

対話を通じて気分や自動思考を同定・評価してもらう

　また気分については、その強度をパーセンテージで表すよう依頼してみたところ、Ｙさんが容易にそれができるということもわかりました。主観的なことを数字で表現するというのは、アセスメントとしても重要ですが、これらも後で認知再構成法や問題解決法を導入するとしたら必要なことですから、アセスメントのためのやりとりをしているうちに、こういうスキルを仕込んでおくということも有効です。

　さらにこのやりとりでもＹさんに自動思考をそれとなく報告してもらっていますが、その際、「他にはどうでしょうか？　得意先に行ってクレームを受ける場面を想像したり、考えたりはしていませんでしたか？」「そういう場面を想像して、Ｙさんの頭には、どんな考えやイメージが浮かびましたか？　どんなせりふのようなものが、頭に浮かんだのでしょうか？」と、こちらからちょっと誘導して、さらに自動思考を想起してもらっています。その結果、「クレームはクレームだ。自分にはどうすることもできない。どうせ後で上司に叱られるのだから」という、認知再構成法でまさに検討の対象としたいような自動思考が報告されました。要するに、このようなやりとりを通じて、Ｙさんは複数の自動思考を同定する練習をすでに始めていたと言えるのです。

外在化したうえで悪循環を共有する

　それから前述のやりとりを文字だけで読むと、私すなわちカウンセラーがクライアントの問題をあげつらって、これでもかという感じで責めているような、ちょっときつい感じを受けるかと思いますが、実際は、Ｙさんが報告してくれたことを紙の上に書き出しながら、ふたりで理解していったので、さほどきつい感じのやりとりではありませんでした。紙に外在化されたものを一緒に眺めながら話をするというのは、そういう効果もあります。ふたりで、「ああ、こんなふうに悪循環が起きているんだね」と紙を見て理解する感じなので、Ｙさんは自分の問題なんだけれども、自分が責められていると

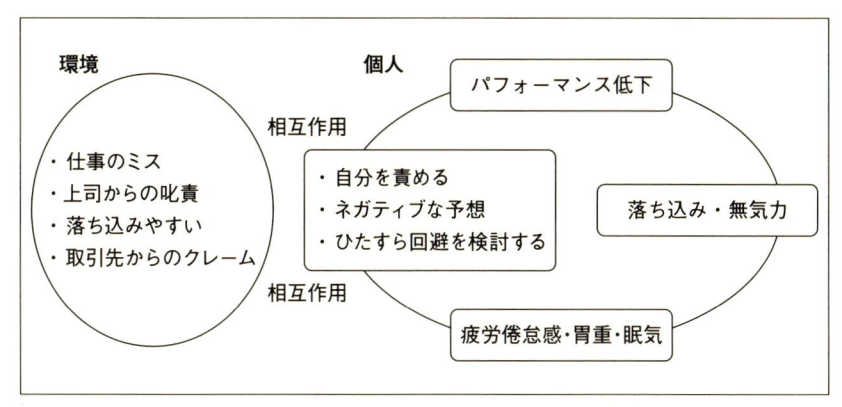

図4-1. 基本モデルによる全体像のアセスメント（事例1のYさん）

いう感じは抱かずに済むのです。「自分の中の問題」というより、「出してみたら、こんな問題だということがわかった」という感じです。

先ほどの対話の後、図4-1の循環図を一緒に眺めながら、「悪循環を共有するというアセスメントの作業を行い、さらに認知的および行動的な部分を工夫することによってこの悪循環を断ち切ろうというのがCBTである」という心理教育を行いました。その後の対話をご紹介します。

【事例1—第2セッションでの対話　つづき】
Co：以上がうつと，認知行動療法についての説明です。いかがでしょうか？　わかりづらいところなどはありませんでしたか？
Y：いいえ、よくわかりました。
Co：今の私の説明について、どう思われますか？
Y：悪循環ということが、よくわかりました。先生がおっしゃるように、ボクが自分で悪循環を断ち切れるようになれるといいのですが。
Co：自分でできるようになる、というのが大切ですよね。自分で悪循環のパターンを変えられれば、カウンセリングを受けなくても、自分で認知行動療法ができますから。また実際に皆さん、そうできるようになっています。そしてそれができれば、先ほどお話ししたとおり、再発を予防できます。それが—

番重要なことかもしれません。
Y：そうなれたら，ありがたい。
Co：では，今のうつ状態の改善と，再発予防を目標に，認知行動療法を始める，ということでいかがでしょうか？
Y：ぜひお願いしたいと思います。
Co：では今回やってきていただきたいことは，自分のうつについて，今日一緒に見ていった認知行動療法のモデルを参考に，再度自己観察してくるということです。また先ほどの話にも出てきましたが，どうやらYさんのうつは，何かきっかけがあって，そのきっかけに対する反応のような感じがしますので，自己観察するとき，きっかけについても一緒に観察してみてください。そして気づいたことを次回私に教えてください。

自己観察課題を具体化する

　同じ自己観察というホームワークでも，初回セッションでは漠然としていましたが，この第2セッションでは，CBTのモデルを提示しましたのでそれに基づいての自己観察を依頼しました。さらに大うつ病エピソードにしても，また，ひとつひとつの落ち込みにしても，何らかのきっかけに対する反応らしいという仮説がYさんと私とで共有できましたので，それも自己観察に組み込むよう依頼しています。このように同じ自己観察課題でも，アセスメントが具体化されてくると，課題も具体化されてくるのです。
　では次の第3セッションでの対話の一部をご紹介します。

【事例1―第3セッションでの対話】

Y：自分を観察するということをやってみました。
Co：どんなことに気づきましたか？　特にきっかけについて。
Y：落ち込むとき，立ち直るとき，調子のいいとき，悪いとき，それぞれ小さなきっかけがいつもあると，はっきりとわかりました。
Co：すばらしいですね。たとえば，どんなことがありましたか？
Y：出さなければならない書類を書こうとしていたら，上司に早く出せとせっつ

かれたことがありました。そうしたら途端に落ち込んで，だるくなって，出来なくなってしまったのです。上司に言われなければ，嫌だけれど，何とか書類を書いていたと思います。

Co：なるほど。上司にせっつかれたとき，どんな考えやイメージが浮かんだのでしょうか？

Y：そうですね……。「どうせ上司は，ボクを仕事ができない奴だと思っているんだ」ということかなあ。

Co：いいですね。それが以前にお話しした「自動思考」というものです。Yさんは，自動思考を把握するのが，とても上手なようですね。（略）
立ち直るときのきっかけには，どんなことがありましたか？

Y：昼食後に，ぼーっとしたまま午後の仕事に入ると，調子が悪いけど，このあいだ，お昼の後に午後の予定を立てて，それをメモに書いてみたら，気分が新しくなり，乗ってきた感じが持てました。何もしなければ眠たくなったかもしれないけれども，ちょっと工夫してみたら，午後も調子よくいけたので，自分で「へぇ～！」と思いました。

Co：調子を落とさないために，自分でちょっとしたきっかけを作るという工夫をして，それがうまくいったのですね。素晴らしいですね。……このことから，どんなことがわかりますか？

Y：落ち込まないようにするために，自分できっかけを作れるということが，よくわかりました。

Co：とすると，Yさんの症状は，状況から直接生じるのではなく，それをどう受け止めるか，それにどう対処するか，ということが「きっかけ」となって，そのきっかけ次第で症状が出たり出なかったりする，ということのようですね？　Yさんが上手にきっかけを作れれば，自分を目の前の仕事に取り組めるように持っていけるということなのでしょうか？　どう思われますか？

Y：自分でそうできればいいと思います。たとえ多少落ち込んでいても，自分で対処できればいいのですよね。

Co：たとえ落ち込んでも，Yさんがそれに対処できるようになれば，結果的にひというつをコントロールできることになると思います。そのためには，認知行動療法によって新しい対処法を練習して，身につけていただく必要があり

ますが，いかがでしょうか？
Y：そうできれば，ありがたいです。落ち込んで，そのまま無気力になって，仕事ができなくなってしまうのが今のボクの問題だと思います。それが何とかできればいいのですが。
Co：では，落ち込んで仕事ができなくなる，という問題にご自分で対処できるようになる，ということを，このカウンセリングの目標にしましょうか？
Y：はい，ぜひそうしたいと思います。
Co：では，今日のホームワークです。Yさんはとても自己観察が上手だと思いますし，それを的確にメモすることもできています。今回は，「落ち込んで仕事ができなくなる」ということについて，さらに具体的に詳しく自己観察してきていただけますか？ それに基づいて，次回，さっきの目標をさらに具体的な表現に置き換えてみたいと思います。よろしいでしょうか？
Y：わかりました。

　Yさんの自己観察の報告内容が，かなり具体化されてきたことがおわかりいただけたかと思います。それに連動して，カウンセリングの目標が，「『落ち込んで仕事ができなくなる』という問題に自分で対処できるようになる」というように，さらに具体的に表現されていますが，これではまだ具体化が足りないので，さらに自己観察を依頼し，次回それに沿ってさらに具体的なカウンセリング目標を設定することを，カウンセラーが予告しています。
　では次の第4セッションでの対話をご紹介します。

【事例1―第4セッションでの対話】
Co：落ち込んで仕事ができなくなるということについて，自己観察していただいたと思いますが，気づいたことを教えてください。

　カウンセラーのこの発言に対し，Yさんはメモを見ながら，自己観察したことを教えてくれました。Yさんの自己観察の報告内容が，CBTのモデルに基づき見事に具体化されているのが，おわかりいただけるでしょう（表4

表 4-8. Yさんの気づいたこと

> 1. 調子の悪さ（落ち込み等）を自覚する
> 2. 反射的に「仕事が嫌だ」「どうせやってもうまくできない」と考える
> 3. やるべき仕事をやらずに逃げてしまう
> 4. 仕事が滞り，上司に叱責され，自己嫌悪に陥る
> 5. 上記1〜4が悪循環する

-8)。

カウンセリングにおける目標を具体化する

　以下は，この報告に基づき，カウンセリングでの目標を具体化するために行われた対話です。

> Co：今のYさんにとって，「全く落ち込まない」ということは，現実的にあり得ますか？
> Y：無理だと思います。ここ何年か，常に落ち込みの波がありますから。
> Co：とすると，「落ち込んで仕事ができなくなることに対処する」という前回決めた目標に対して，今のYさんが実際に対処できるのは，どの部分になりますか？
> Y：落ち込んで，「嫌だなあ」「どうせできない」と思ったとしても，最低限の仕事を片付ける，ということになると思います。全く落ち込まないことを目指すのではなく，多少落ち込んでいても，やるべき仕事をやる，というのがボクにとっては大事なんです。
> Co：すごく具体的で，素晴らしい目標だと思います。では，最低限の仕事とは何か，さらに具体的に教えていただきたいと思います。

　Yさんの視点が，自分の落ち込みそのものではなく，落ち込みに気づいた後の対処に移っていることが，この対話からわかります。「落ち込んで，『嫌だなあ』『どうせできない』と思ったとしても，最低限の仕事を片付けるよ

表 4-9. 第 4 セッション終了時に合意された面接目標

> たとえ「調子が悪い」「嫌だ」と思っても，以下のことをできるようにする
> ①営業のルーチンワーク（客先に行く，在庫チェックをする，必要な注文を取る）を行う
> ②事務処理のルーチンワーク（書類作成，書類提出，電話対応）を行う

うになる」というのは，CBT の目標としてもかなり具体的で，達成可能であるように思えます。しかし，まだこれでも具体化が足りません。「最低限の仕事」とは何か，ということがまだ明確にされていないからです。そこで前述の対話の後，私たちは，Y さんにとっての最低限の仕事とは何か，という話し合いをして，以下のような最終的な面接目標を設定し，第 4 セッションの終了時に合意されました（表 4-9）。

　ここまで目標が具体化されれば，どのような介入をすればよいか計画が立てられますし，目標が達成されたかどうかについても判断ができます。CBT における目標とは，このくらい具体的である必要があります。繰り返しになりますが，アセスメントが精緻化されるのと連動して目標も具体化されていきますから，やはり重要なのは CBT の基本モデルに沿ってできる限り具体的に全体像をアセスメントして，クライアントとそのプロセスを共有するということなのです。

事例1──目標の具体化のプロセス

　初回セッションから第 4 セッションまでの導入期において，目標がどのように具体化されていったか，一度まとめておきましょう（表 4-10）。
　以上が事例 1 の導入期，すなわちアセスメントから目標設定までの流れでした。また，この導入の部分が，今日のワークショップで詳しく紹介してきたことの具体例になります。ソクラテス式質問法の活用によって，クライア

表 4-10. 導入期で合意された目標

- 初回セッションで合意された目標
  CBT によりうつをコントロールし,仕事上の問題を解決する
- 第2セッションで合意された目標
  悪循環のパターンを自分で変えられるようにし,うつの回復と再発予防を目指す
- 第3セッションで合意された目標
  「落ち込んで仕事ができなくなる」という問題に自分で対処できるようになる
- 第4セッションで合意された目標
  たとえ「調子が悪い」「嫌だ」と思っても,営業および事務処理のルーチンワーク(例:客先で注文を取る,書類提出)を行う

ントの抱える問題の全体像を把握し,それを共有していくというアセスメントや心理教育の流れがおわかりいただけたかと思います。またそのような作業を丁寧に進めていくことを通じて,クライアントに CBT の流れに慣れてもらい,徐々にモチベーションを上げていくということについても,具体的にご理解いただけたかと思います。質問がありましたら,どうぞご発言ください。

参加者1:この事例の場合,多分1カ月弱に1回くらいの面接間隔だったと思います。あまり間隔があくと,ホームワークの内容の記憶が薄れるなどの問題があるように思います。面接の間隔は,どの程度がいいとか,どれくらいだとあまり意味がないとか,そういうのはあるのですか?

伊藤:この Y さんの場合,最初2週間に1度くらいのペースで進めていこうとしたのですが,その後,クライアントさんの都合などでやむなく1カ月に1度のペースになってしまいました。理想としては,最初のスタート時は,週に1度か2週間に1度がよいと思います。そのくらいのペースだと,何らかのエピソードについて,やはり生き生きと思い出していただきやすい,というのがあります。特に初期のアセスメントの段階では,どんどん話をしてもらってそ

れを共有し，目標を早めに立てたいので，そのくらいのペースが理想です。実践期に入って，クライアントさん自身が技法の練習を始めるときも，最初は技法を導入してみてどうかということを観察したり，やり方を調整したりしないといけないので，やはり，あまり間隔があかないほうがいいです。たとえば何らかの技法を導入して，そのやり方が実は間違っていたと気づいたら，できるだけ早く修正したいですから。1カ月後に，クライアントさんが1カ月間やっていた練習に間違いがあったと気づいて修正するのは，ちょっと大変ですよね。だんだんクライアントさん自身の練習が軌道に乗ってきて，実生活であれこれ活用できるようになり，面接ではその報告を受けるというようになってくれば，むしろ間隔をあけていく必要が出てくるのです。そうなれば1カ月に1度でも十分になってきます。そういう意味では，この事例はすぐに1カ月ペースになってしまったので，理想的ではありません。ただし，実際はクライアントさんによっていろいろな事情がありますから，それに合わせてやっていくことが必要です。そういう意味では，「どのようなペースがいいか」というより，「そのクライアントさんのペースに合わせて，どのように有効な援助ができるか？」ということを考えればよいのではないかと思います。

参加者2：導入部について聞いていて，カウンセラー側がすごく丁寧で，よく我慢しているなと思いました。というのは，第2セッションあたりで，もう自動思考がいっぱい出てきているでしょう。そうすると，もうそのことを取り上げて，自動思考の修正とか，何か解決のほうに持っていきたくなると思うのですが，この事例ではそれをやらないでさらに全容をつかもうとしています。これはちょっと我慢がいるな，という感じすらするのですが，いかがでしょうか？

伊藤：それはやっぱり目標を立てていないからです。仮に初回セッションで，「ネガティブな自動思考を修正するスキルを身につける」という目標が合意されていれば，もう自動思考に対する介入を始めたかもしれませんが，この事例では違いました。基本原則のところでお話ししたとおり，アセスメントをして，目標を設定して，はじめて認知再構成法などの技法を導入できるわけですから，それまではたとえ自動思考がたくさん報告されても，やはり介入はしません。

参加者3：その目標なんですけれども，この事例のYさんは，自分の認知や行動

表 4-11. 認知行動療法の実践期における課題

1. 具体的目標の達成に向けて，技法を選択し，計画を立てる
2. どのような形であれ，二大技法「認知再構成法」「問題解決法」がクライアントに習得されるようマネジメントする
3. クライアントに適切に課題を提示し，面接中およびホームワークとしてクライアントが気分よく課題に取り組めるよう誘導する
4. 協同的問題解決チームとして効果的に機能するよう，カウンセラー－クライアント間のコミュニケーションを工夫し続ける

を修正するといった目標を，自分で出すことができたようですが，クライアントさんからそのような目標が出てこない場合，または出すまでにとても時間がかかる場合は，カウンセラーの側から出してもいいのでしょうか？

伊藤：出していいと思います。CBT の場合協同作業ですから，カウンセラー側も提案して構わないのです。ただこちらが提案するときは，やはりクライアントさんがなかなか提案できなくて，こちらからの提案にできれば同意してもらいたいときが多いです。ですから，アセスメントがきちんとできていて，クライアントさんが，こちらからの提案に同意してくれるような証拠集めが済んでおり，同意してもらえるような説明ができるときに，カウンセラー側から提案するというのが効果的です。

認知行動療法の実践期における課題

では事例 1 の実践期に話を移しますが，導入期と同じく，まずは Y さんの事例に限らず，CBT の実践期において，カウンセラーが課題とすべき点についてまとめましたので，それを提示します（表 4-11）。

1 つ目は，導入期で設定された具体的な面接目標の達成に向けて，技法を選択し，それをクライアントによりよく習得していただくための計画を立てるということです。

2 つ目は，認知再構成法と問題解決法を，特別な技法として丁寧に導入するか，「こういうやり方があるんですよ」と簡単に提示するにとどめるかは

別として，この2つのスキルについて，クライアントとどこかで話をする必要はあると思います。クライアントによっては，回復するに従って，「今まではこういうときにこう考えてつらくなっていたのだが，最近はこんなふうに考えることにより，気持ちを立て直せるようになった」と，自分の認知パターンが変化してきたことを，自発的に報告してくれる場合があります。そういうときに，「実はそうやって，自分の考えを把握して別の見方を導入することにより，気持ちを立て直すというのは，『認知再構成法』といって，CBTの重要な技法なんですよ」と教示して，クライアントが納得すれば，それで済むという場合もあります。

　3つ目は，実践期ならではのポイントです。実践期には，認知再構成法，問題解決法，リラクセーション法，曝露反応妨害法といったさまざまな技法を，1つのときもあれば複数のときもありますが，クライアント自身に練習してもらい，身につけてもらうことが重要です。したがってカウンセラーは，習得していただく技法を「課題」として適切に提示し，それらの課題に，クライアントが気分よく取り組めるように誘導する必要があります。ただ，「これをやってください」と課題を出すのではなく，クライアントが「ぜひやってみたい」「やったらこんないいことがあるかも」と思えるような課題提示の仕方が必要だということです。

　4つ目は，導入期と同じく，双方向的なコミュニケーションが維持されるよう工夫し続けるということです。たとえ導入期ではカウンセラー側がリードすることが多かったとしても，実践期には，さらにチームメンバー同士で協力しあえるように，つまりクライアント側の主体性が増すように持っていかなければなりません。

事例1――実践期における技法とセッションの構造

　では事例1の実践期について，おおまかに紹介していきましょう。第4セッションで目標が決まってからは，その目標のために技法を選び，さらにその技法の下位に当たる技法も選ぶなどして，結果的には，認知再構成法，問

表 4-12. 事例 1―実践期における毎回のセッションの構造

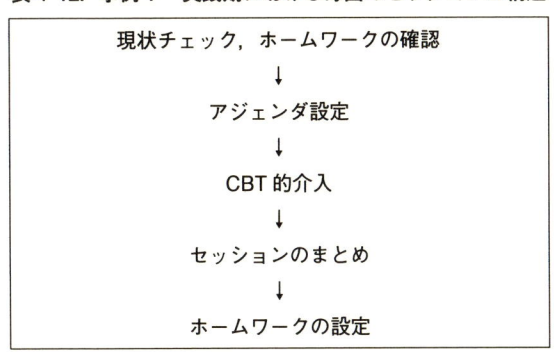

```
現状チェック,ホームワークの確認
        ↓
    アジェンダ設定
        ↓
      CBT 的介入
        ↓
    セッションのまとめ
        ↓
    ホームワークの設定
```

題解決法,リラクセーション法などを Y さんに練習していただきました。毎回のセッションの構造も表 4-12 のように,非常に安定し,毎回同じような流れでセッションを行いました。やることが決まれば,あとはどんどん練習を進めていくだけという感じで,効率よく進んでいくのが CBT なのです。

事例 1――認知再構成法の実施

認知再構成法の節で,いきなりツールを用いるのではなく,対話でやりとりしてからそれをツールに落とし込むということを申し上げましたが,その対話例を 1 つご紹介します。

> Y:上司に叱られて落ち込みました。(略)ボクは文句を言われるとか怒られる,ということに弱いんです。萎縮してしまって……。(略)
> Co:(略)そこで Y さんがそんなに落ち込み続けることによって,どういう影響があるのですか? 落ち込むことで,何かいいことはありますか?
> Y:そうですね,落ち込むことで反省できます。
> Co:反省はいいかもしれませんね。ところで,反省するには落ち込む必要があるのでしょうか?
> Y:落ち込む必要はありませんね。……ああ,考えてみると,落ち込んでもいいことはなさそうです。

> Co：どうやらYさんは必要以上に落ち込んでしまうようですね。
> Y：どうすればよいのでしょうか？
> Co：論理的には，必要な分だけ落ち込めばいいということになりますよね。
> Y：どうすればよいのでしょうか？
> Co：今回のクレームの件で，Yさんの責任は何十パーセントくらいだと思いますか？
> Y：会社のシステムにも問題があるんです。ボクの責任は10％くらいだと思います。
> Co：それならば，Yさんは全体の10％分だけ落ち込むのでよいのではないかと，私なんかは思ってしまいますが。
> Y：ああ，よくわかりました。ボクはどうも全部ひっくるめて，「自分が悪いんだ」と思いやすいようです。「自分もちょっと悪い」くらいでちょうどよいのかもしれません。今度はそうしてみます。

　これは認知再構成法についてYさんに心理教育するために，意図的に誘導した対話です。ネガティブな出来事をすべて自分に帰属するパターンがあることは，この時点でカウンセラーにもよくわかっており，このエピソードが語られたときに，その原因帰属のパターンを，別の角度から検討するための問いかけを，カウンセラーはここで積極的にしています。その結果，Yさんは，自分の帰属パターンが過度にネガティブであることに気づき，別の認知を自ら考え出すことができました。

　このやりとりを，非機能的思考記録表に落とし込むと，図4-2のようになります。

　一度，上記のような対話で自動思考を軌道修正することができていれば，その対話内容を図4-2のように記録表に書き込み，認知再構成法についてクライアントの体験を用いて教育することが容易にできますし，クライアントも実感を持って納得することができるのです。Yさんもそうやって，認知再構成法を理解し，習得していきました。

出来事・状況	気分	自動思考	別の考え	結果
上司に叱られた	落ち込み	全部自分が悪いんだ	必要な分だけ落ち込めばよい 自分もちょっとは悪い	気が楽になる

図4-2. 非機能的思考記録表—記入例

参加者：こうやって見ると簡単そうに見えますが，実際にこのような対話は，慣れていないとできませんよね。瞬発力のようなものが必要だと思ったのですが。

伊藤：そうですね。Yさんの場合，時間をかけられないという制約があり，先ほどの対話ではかなり私が誘導的になっていますが，もっとゆっくりと本人にたくさん案を出してもらって進めていくということもできますし，初心者にはむしろそういう丁寧なプロセスが必要なので，そういう意味では，この事例は認知再構成法の紹介としてはふさわしくないかもしれません。

参加者：もっと時間をかけてもいいということですか？

伊藤：CBTは慣れてくると，ひとつひとつの段階を統合して，いっぺんにできるようになりますが，初心者はひとつひとつの段階を丁寧に踏んで，進めていくことがむしろ必要だと思います。ですから時間をかけてもいいというよりは，時間をかける必要があると言えるかもしれません。そういう意味でも，この事例での認知再構成法は，それほど丁寧ではないので，お手本にならないかもしれませんね。車の運転と同じだと考えてください。初心のドライバーは，ブレーキを踏むのでも，ハンドルを切るのでも，ひとつひとつ意識しながら丁寧に操作しますよね。慣れてくれば，いくつかの操作を総合して，さほど意識しなくてもまとまった1つの操作として行えるようになりますよね。今後，認知再構成法をテーマとしたワークショップを行う場合は，もっと丁寧に進めていった事例を紹介することにします。ご指摘ありがとうございました。

事例1──問題解決法の実施

では，Yさんと実施した問題解決法についても，簡単にご紹介します。技法としての問題解決法については，先ほどの基本スキルの節でご紹介しまし

たが，それを実際にどのように面接で活用したか，ということをまとめてみました（表4-13）。

おわかりのように，このYさんは，回避型のうつのパターンを示していました。過剰適応型のうつの人は，やりすぎてしまいエネルギーを失ってしまうのですが，回避型のうつの人は，やるべきことに対処できないで回避してしまう，回避することでより状況が悪化する，悪化した状況に対処するのはよけいしんどいから回避してしまう，そういった悪循環のなかでどんどん落ち込んでいく，というパターンです。私の印象にすぎませんが，こういう回避型のうつの人が職場や学校において最近増えているような印象があります。そして回避型の人は，認知を修正するだけでは足りない場合が多いように思います。回避的な認知を軌道修正したうえで，目の前の問題に，できる範囲で少しずつでも取り組むという方向に，自分で自分を持っていけるようにならないと状況が改善しない場合があるのです。Yさん自身，そういう必要があるということをアセスメントの段階で自覚していました。そこで問題解決法をトレーニングという形で導入したのです。

問題解決法の導入としては，まず「こういう考え方とやり方があります。これを習得すれば，目の前の問題に，もっと気分よく主体的に取り組めるようになります」といった，心理教育的な説明を行いました。

次に，クライアントが抱えている現実的な問題に，この問題解決法を適用して解決するために，一緒に取り組みました。その際，できるだけ小さな問題を扱うというのがポイントです。例を挙げると，「朝，通勤電車を降りるときに，どうしても仕事をやろうという気にならない」という問題をYさんが出してくれたため，それに対して認知的準備を行ったうえで，何ができるかということをブレインストーミングして，計画を立てて，実験してもらったのです。実際には，「電車の中で，会社についたら何をするか，メモに箇条書きする」といった小さな解決策が役に立つことがわかり，この問題は解消しました。

表4-13. 事例1―実践期　問題解決法

1. カウンセラーが問題解決法の考え方と方法を説明した
2. カウンセラーとクライアントの協同作業で，クライアントの抱える個々の問題の解決法を検討した
3. クライアント自身が自分で問題解決法を実施し，カウンセラーに報告した
4. クライアントが自分の部下と問題解決法を実施した

※一連のプロセスを経て，クライアント自身が「有能な問題解決者」としてセルフマネジメントできるようになることが重要である

クライアント自身が主体的な問題解決者となる

こういう作業を繰り返し行うと，次第にクライアント自身が，「今こういう問題があって，それに対してこう考えてみることにして，こうやって解決策を考え出した中から計画を立ててみて，実験してみたらどうなるかな」とひとりで考えて，実行できるようになっていきます。そうなれば，もうカウンセラーと協同して解決するというより，クライアントが主体的に問題解決を試みて，面接では，その試みについて報告するというふうに，面接での対話の位置づけが変わってくるのです。Yさんの場合もそうでした。

さらにYさんの事例では，素晴らしすぎるといってもいいくらいのおまけがありました。Yさんには部下が1人いたのですが，その部下にどうリーダーシップを取ったらよいかということについて，Yさんは一時期悩んでいました。Yさんは，優しい感じの話し方をする人で，でも「上司たるもの，部下をぐいぐいリードしなければならない」と考え，それができない自分は上司としてダメなんだと悩んでいたのです。ところがセッションで，私と問題解決法を何度も体験したことをきっかけに，「カウンセリングでやったのと同じように，部下と協同作業をすればいいんだ」ということに気づいたのだそうです。そして実際に「部下と問題解決法をこんなふうにやっているんですよ」という報告があって，「これでいいんだ」と自信がついたのだそうです。こういう報告を受けると，CBTのカウンセラーとしては，本当にう

れしいものです。

　問題解決法については，このように段階を経て，クライアント自身が，主体的で有能な問題解決者としての機能を取り戻したり，習得したりすることが必要です。それができることで，クライアントのセルフマネジメントが可能になり，再発も予防されるのです。

事例1——問題解決法における対話の例

　では問題解決法をめぐって，Yさんと私とで交わされた対話の例をご紹介します。まずは第5セッションでのやりとりです。問題解決法を第4セッションで簡単に紹介して，これからやっていきましょうという話をしているにすぎなかった時点での対話です。

【問題解決法の導入時の対話例―第5セッション】

Y：問題解決法について，よく理解はできました。それを仕事に実践しようと努力しているのですが，なかなか難しいです。

Co：最初はそれで十分です。Yさんは新しいやり方を身につけようとしているのですから。車の運転と同じで，最初は意識して練習する必要があります。身についていくうちに，意識しなくても当たり前のようにその新しいやり方で対処できるようになります。（略）
今は，Yさん自身が問題解決法を試してみること自体がとても大事で，実際にそうしているわけですよね。いつも驚かされるのですが，Yさんは自分のために新しいやり方をすぐに試すことができますね。それが素晴らしいと思います。

Y：じゃあ今は，問題解決を試す，ということでいいのですね。

Co：もちろんです。「試す」こと，つまり「やってみる」というのが重要なんです。

　先ほど申しましたとおり，回避型の人は，やるべきことや新たな課題から回避するというパターンを持っていますから，この時点では，Yさんが回避せず新たなスキルにチャレンジするということだけでよいのです。そのこと

をカウンセラーはフィードバックしています。
次は，第9セッションでのやりとりです。

【問題解決法についての対話例―第9セッション】
Y：「朝，やる気にならない」という問題について，先生と一緒に考えて対策を立てて，エンジンをかけられるようになったのだから，昼だって（「昼食後のつらさ」という新たな問題について），またここで一緒に考えれば何か対策が立てられるはずだ，と思って，今日ここに来ました。

Co：Yさんは，「昼食後につらくなる」，という問題をご自分で把握して表現し，何ができるかと考え，「カウンセラーと一緒に対策を立てる」という解決策を立てて，今日ここにいらしたのですね。

Yさんは，「昼食を食べると，そのあと眠たくなってしまって，やる気が落ちて困る」という問題に気づいたのですが，もうこの時点では，この問題について，「どうしたらいいんでしょうか？」とカウンセラーに頼るのではなく，昼食後の問題について，「カウンセラーと考えれば何か対策が立てられるはずだ」と認知を整えたうえで，「この問題についてカウンセラーと対策を立てる」という解決策を立てて，このセッションに臨んだのです。何か問題に気づいたときのYさんの認知的な構えが，大分主体的な方向に変化したことが，この発言からおわかりいただけるかと思います。
次も同じく，第9セッションでのやりとりです。

【問題解決法についての対話例―第9セッション】
Y：今までサポートしてくれた女性の部下が辞め，新人の女性が新たについたんです。先生から教わった問題解決法を，彼女との仕事に応用しています。彼女と一緒に問題解決している感じです。それでリーダーシップをうまく取れています。

Co：それは素晴らしいですね！

これが先ほど紹介した，「素晴らしすぎるほどのおまけ」です。ここまで来れば，カウンセラーは，クライアントの報告をきちんと受け止め，プラスの評価をフィードバックするだけでよいのです。

認知行動療法の仕上げ期における課題

以上が実践期でした。次に「仕上げ期」について，こちらも簡単にご紹介します。まずは CBT の仕上げ期全般におけるカウンセラー側の課題です（表4-14）。

仕上げ期における課題はすべて，安全で気持ちのよい終結に向けて，そして終結後の再発予防に向けてのものです。

1つ目の「効果の維持と般化を目指す」，2つ目の「問題解決チームの主導権を徐々にクライアントに委ねていく」，3つ目の「面接頻度を落とし，クライアントのセルフマネジメントの定着を図る」という課題が達成されることで，自然な感じで終結につなげていくことができます。終結に対してさまざまな不安を抱くクライアントもいますが，その場合は特に，4つ目の再発予防のための教育と対策，5つ目のフォローアップ計画を丁寧にやっておく必要があるでしょう。再発予防やフォローアップについて，カウンセラーとクライアントとの間で，明確な計画を立てておくこと自体が，終結後，クライアントが自分で CBT を実践するモチベーションを上げるのだと思います。

6つ目の，「面接全体のまとめを行い，回復・改善の原因をクライアントの取り組みに帰属させる」というのは，非常に重要です。各セッションでまとめの作業をするように，仕上げ期には，これまでやってきたことを「大きなまとめの作業」としてあらためて共有することが役に立ちます。また謙虚なクライアントは，これまで自分自身がいろいろなことに取り組んできたことでよい結果が得られたというのに，その原因を「先生のおかげです」「認知行動療法のおかげです」「薬がやっと効いてきました」というように，自

第4章　認知行動療法カウンセリングの実際—うつ病性障害　157

表4-14. 認知行動療法の仕上げ期における課題

1. 効果の維持と般化を目指す
2. 問題解決チームの主導権を徐々にクライアントに委ねていく
3. 面接頻度を落とし，クライアントのセルフマネジメントの定着を図る
4. 再発予防について心理教育を行い，対策を立てる
5. フォローアップについての計画を立てる
6. 面接全体のまとめを行い，回復・改善の原因をクライアントの取り組みに帰属させる
7. 「開かれた終結」とし，気分よくチームを解散する

分以外のことに帰属する場合があるので，回復や改善についての原因を，クライアント自身の取り組み自体にはっきりと帰属させて説明しておく必要があります。それが終結後の「自己治療」につながっていくのです。

7つ目に挙げた「『開かれた終結』とし，気分よくチームを解散する」という課題は，CBTならではと言えるかもしれません。CBT以外のアプローチによる事例報告を聞いていると，「終結」に重大な意味を付与して，何か「今生のお別れ」のような扱いをしている感じがして違和感を覚えることがありますが，CBTの場合は，「プロジェクトの解散」のような感じです。チームとしての目標が達成されたので一度解散するけれども，また何か一緒に取り組むべき問題が生じたら，また再度チームを組んで一緒にやりましょう，といった感じで終結しますので，まさに「開かれた」という感じです。

事例1――仕上げ期

ではYさんの場合どうだったかということをご紹介しますと，もともと少ない面接回数を望んでいたので，面接目標がほぼ達成されたという合意ができた時点で，面接間隔も2カ月というふうにかなり広めました。終結後と再発予防の心理教育において，Yさんとの間で特に話題になったのが薬物療法についてです。薬についてはもちろん主治医と相談する必要がありますが，なぜか薬についての心配を主治医に直接話す前に，カウンセラーに話すクライアントが結構います。Yさんもそうでした。そして当然のことですが，カ

ウンセラーが直接薬についてクライアントに指示をすることはあり得ません。しかし一般的にはこうですといった心理教育的な情報提供をすることは可能です。また，薬について主治医にどのように相談すればよいか，ということについてクライアントと検討することも可能です。Yさんに対して私から話したのは，回復してから半年以上は薬を服用し続けるのが普通で，そのほうが再発予防効果が高まるという研究があるということと，どのように薬を減らしていくか，どのように薬をやめていくかということについては，主治医ときちんと相談しながら進めていく必要があるということでした。

　Yさんとは終結の半年後に，フォローアップの面接を実施することで合意していましたので，そのフォローアップのセッション時に回復状態が維持されていたら，そのときに薬を減らしたりやめたりすることについて主治医と相談すればよいのではないか，ということになり，Yさんは実際にそうしました。

終結後の自己治療について計画を立てる

　また終結後の自己治療についても，かなり具体的に計画を立てました。Yさんの場合，今回のうつはかなり慢性化していましたし，またYさんのうつはおそらく反応性なので，仕事や生活で何かストレスがあればそれに反応してうつっぽくなることは避けられないと思われたからです。Yさんもそのことはよく理解していました。そのためには，うつっぽくないときでも，CBTで習得したことを意識して実践する必要がありますし，「ちょっとまずいな」というときに，さらに意識的に自己治療する必要があるということで，どういうときにどの程度何をするかということについても計画を立てました。

　Yさんの場合，半年後に予約を入れて面接をするという計画でしたが，これはクライアントによっていろいろな事情がありますから，場合によっては手紙やメールや電話などでフォローアップすることもあるかと思います。それはケースバイケースで，クライアントの事情に沿った計画でよいのですが，とにかく計画を立てておくということが重要です。

「読書療法」について

　ところでスキルの説明の際,「読書療法」という技法を紹介しましたが,特に抑うつを主訴とするクライアントの場合,エネルギーが落ちてしまっているときに,CBT の本を読むのは大変しんどいことで,実際には無理な場合が多々あります。しかしかなり回復したこの時期には,むしろこの読書療法がお勧めです。この時期であれば,クライアントに本を読むエネルギーが戻ってきていますし,また,自分がカウンセリングで取り組んだことが,本に整理して書かれてあるので,「ああ,自分のやってきたことは,こういうことだったのか」と実感でき,カウンセリング全体のまとめの作業として効果的です。さらに終結後も本を読むことで,自己治療しやすくなります。

事例1――仕上げ期における対話の例

　では仕上げ期における Y さんとの対話を一部,ご紹介します。まずは 10 回目のセッションでの対話です。

【仕上げ期の対話例―第 10 セッション】

Y：当初は入院の話も出ていたくらいだったのに,何とかここまで来られました。今まで教わったことをノートにまとめてみました。
Co：ぜひそれを教えてください。
Y：物事を直列的に見て,目の前のことをひとつひとつ片付ける,リラックスやリフレッシュするために呼吸法を行う,(略) 困ったことは具体的にひとつひとつ問題解決していく,範囲を超えて悩み過ぎないように気をつける,(略) これでいいと思いますか?
Co：十分です。素晴らしいです。

　Y さんは CBT を通じて習得したことを,的確にまとめることができました。カウンセラーはひたすら感心するのみです。
　次は最終セッション,すなわち第 11 セッションでのやりとりです。

【仕上げ期の対話例―第11セッション】

Co：今は，以前とどのように違いますか？
Y：前は落ち込むと，ズルズルと何もしない方向に引きずられていき，もっと落ち込んでいましたが，今は，落ち込んでもやることはやります。それで悪い方に行かずに済みます。(略) 自分がうまく対処できれば大丈夫だ，ということがよくわかりました。
Co：素晴らしいですね。
Y：先生のおかげです。ありがとうございます。
Co：Yさんがここまで努力されたのが，よかったのですよ。そのお手伝いができて，私もうれしいです。

「今は以前とどのように違うか？」というソクラテス式質問法は，仕上げ期において有効です。この問いについて自問することで，クライアントが自分の変化を実感できるからです。しかしYさんは，その変化を「先生のおかげです」と帰属させたので，再度私がYさんの努力に帰属し直しました。といってもすべてをYさんに帰属するのではなく，協同作業ですから，カウンセラーもその手伝いをしたのだということも伝えて，回復の喜びを分かち合ったのです。

フォローアップについて

フォローアップについて，少しだけ触れておきます。フォローアップするべきことというのは，表4-15のとおりです。

基本的には，再度アセスメントを実施して，終結時の状態が維持されていることを確認します。またそのような状態を維持するためにクライアントが実施した取り組みを確認し，強化します。場合によっては，多少復習としてCBTのおさらいを一緒にしたり，追加の介入をする場合もありますが，大体はちょっと説明したり練習したりするくらいで事足ります。

Yさんの場合は半年後に会って，見事に回復状態が維持できていることが

表 4-15. フォローアップ*における課題

1. 現状および経過のアセスメントを行う
2. セルフマネジメントをクライアント自身が維持していることを確認し，強化する
3. 必要であれば，復習をかねて CBT 的介入を行う

＊ブースターセッションとも言う

確認できましたので，「今の取り組みを続けていれば，おそらく大丈夫でしょう」ということで合意し，それで終わりにしました。その後は会っていませんが，5年後まで手紙によるフォローアップを続け，再発せずに元気でいることは確認しています。人によっては，3カ月に1度とか，半年に1度というペースで，長期でフォローアップの面接を続ける人もいます。長期フォローアップについては，賛否があるかと思いますが，私自身は，クライアントが望むのであれば，3カ月から半年に1度程度，会って現状を共有するのは構わないのではないかと考えています。

まれに終結して数年後に，「ちょっとぶりかえしたので，またカウンセリングを受けたい」と言って，再度面接を始める場合がありますが，ほとんどの場合，CBT のおさらいをして，必要に応じて追加のアセスメントや介入をすれば，それで済みます。たとえば最初の CBT で15回のセッションを使って終結していたとしたら，その次は3回程度のセッションを行えばもう大丈夫になるという感じです。「以前，こんなことをやりましたよね」と言えば，「ああ，そういえばそうでした」という感じで，クライアントも思い出し，再度自分のために以前習得したスキルを再活用することができるようになります。

以上，事例1についてのご紹介でした。

第5章 認知行動療法カウンセリングの実際
パニック障害

　最後に，パニック障害に対するCBTの事例を簡単にご紹介します（ここで言う「パニック障害」は基本的には「広場恐怖を伴う」ものとお考えください）。まず押さえていただきたいのが，診断についてです。詳細はDSM-IVなどを参照していただくとして，皆さんにご理解いただきたいのは，「パニック障害＝パニック発作」ではない，ということです。発作に対する強い予期不安や，それによる回避などを含めてパニック障害と総称するのです。なぜこういうことを強調するかというと，パニック障害のクライアントは，パニック発作を強く訴えるのですが，パニック障害に対するCBTで重視するのは，発作への予期不安のもとになっている破局的認知や，回避，および回避による生活の不自由だったりするからです。

パニック障害の治療——認知行動療法が第一選択

　ところでパニック障害の治療については，現在，合併症がなければCBTが第一選択であるという認識が，かなり共有されていると思います。またパニック障害は，症状が非常にはっきりしており，かつクライアントが症状にひどく困っていて，「治したい」「治りたい」と強く願っていることがほとんどであるため，明確な形でCBTを適用しやすいです。うつ病や抑うつ症状が，人によってさまざまな形を取るので，慎重にアセスメントして，その人の「う

表5-1. パニック障害の認知行動療法における7段階

1. 主訴,および発症状況と経過の聴取
2. CBTのモデルに基づく,症状と治療・面接についての心理教育的コミュニケーション
3. ホームワークの実施を含む契約をしたうえでのCBTの本格的導入
4. 自己観察内容に沿った,さらなる心理教育
5. 「回避」に対処するための,認知行動的課題の「実験」
6. 不安緊張に対する認知行動的対処法の「実験」
7. 維持と再発防止のための,包括的な心理教育的コミュニケーション
※「心理教育」と「実験」の相互作用的な繰り返し!

つ」を理解しなければ介入できないのとは対照的です。私自身の臨床経験からも,パニック障害にはCBTを非常にスムースに適用しやすく,効果的であるということを実感しています。ですからCBTを始めてみよう,チャレンジしてみようという方は,パニック障害をまず対象とするのがよいかもしれません。

パニック障害の認知行動療法における7段階

パニック障害のCBTにおける7段階というのを,まとめてみました(表5-1)。

1つ目は,主訴を聞き,それから発症状況と経過についてヒアリングすることです。2つ目は心理教育です。特にパニック障害では,初期段階での心理教育が重要です。3つ目は,CBTを本格的に導入するわけですが,その際,ホームワークを実施してもらうということまで含めてきちんと契約することです。後で説明するように,実生活でクライアントに様々な課題を実践してもらわないと,パニック障害のCBTは進まないからです。4つ目は,CBTではどんな場合でも自己観察を依頼しますが,パニック障害の場合,特に自己観察をしてもらったうえで,さらにしっかりと心理教育をする必要があるということです。5つ目,6つ目は,回避および不安緊張がパニック障害の

第5章　認知行動療法カウンセリングの実際―パニック障害　165

表 5-2. パニック障害の認知行動療法において行われること

1. 教育的対話：パニック障害とその治療（CBT）についての心理教育
2. 破局的な自動思考に対する認知再構成法の実施
3. 回避行動への対処：曝露法（エクスポージャー）の計画
4. リラクセーション法の練習
5. ストレスマネジメント法についての心理教育

※統合的でパッケージ的な認知行動療法

二大症状ですが，それらへの対処法をクライアントに積極的に「実験」してもらう必要があるということです。そして7番目が，仕上げの段階でさらに包括的な心理教育が必要だということです。

この7段階を示すことで強調したいのは，とにかく心理教育が大事だということと，クライアント自身に実生活で観察してもらったり，ホームワークの課題に取り組んでもらったりする必要があるということです。つまりカウンセラーによる心理教育と，クライアントによる実生活における実験を，相互作用的に繰り返すことが重要なのです。

パニック障害の認知行動療法で実際に行われること

パニック障害のCBTで，実際にどんなことが行われるか，まとめました（表5-2）。

パニック障害のCBTでは，かなりいろいろなことをするので忙しいです。まず，先ほど強調しましたように，心理教育をしっかりと行う必要があります。次に，パニック障害のクライアントは，たとえばちょっと緊張するといった身体感覚を，「心臓発作が起きるに違いない」と破局的に解釈する傾向があります。そこでそのような破局的な自動思考に対して認知再構成法を実施します。また回避行動への対処として，曝露法（エクスポージャー）を計画し，クライアントに実施してもらいます。さらに不安緊張に対処するためにリラクセーション法を習得してもらいます。そしてこれは大体終結期に実

施することが多いのですが，パニック発作はストレスが高まっているときに生じやすいので，ストレスマネジメントについても全般的に心理教育を行うことが大切です。このようにいろいろな技法を組み合わせてクライアントに習得してもらうのが，パニック障害のCBTでは標準的です。そういう意味では，パニック障害に対するCBTは，非常に統合的で，技法がパッケージ化されたものとお考えいただいてよいでしょう。

パニック障害の認知行動療法のセッション数

セッションの回数は，社会適応が良好で，パーソナリティ障害の診断がつかず，また重篤なうつ病などの合併症のないクライアントの場合，CBTのセッションは，大体5回から7回くらいで十分です。ということは表5-2に挙げたいろいろなことを，そのくらいのセッション数で実施するということになります。だからこそ忙しいのですが，パニック障害のクライアントは，とにかく現状から抜け出したいという強い気持ちを持っている人が多いですから，CBTに対するモチベーションさえ適切に持ってもらえるように誘導できれば，さまざまな課題に積極的に取り組んでくれます。

事例2の概要

事例2――認知行動療法開始時までの概要

では事例2の概要を示します（表5-3）。

クライアントはEさんで20代後半の女性です。会社員で，事務職に就いていました。

初回面接までの経過は，Eさんはパニック障害の人に非常によくみられるパターンを示しています。Eさんは2年前に，通勤電車の中で最初のパニック発作を起こしました。もちろん当時のEさんは，それが「パニック発作」だということは知りません。突然動悸がして，手足がしびれたのだそうです。Eさんはびっくりして，何か重篤な身体の病気にかかったのではないかと考

表 5-3. 事例 2 の概要

- クライアント：E さん。女性。20 代後半。会社員（事務職）
- 初回面接までの経過：2 年前に電車内にて初エピソード（動悸，手足のしびれなど）。精密検査で身体的には異常所見はなし。半年後に転職してしばらくして，電車内で再発作。ひとりでは通勤不可となり，家族が同伴するようになった。メンタルクリニックを受診し，「パニック障害」と診断され服薬するが回復せず，医師の勧めによりカウンセリングを開始することになった
- 診断：広場恐怖を伴うパニック障害

〈CBT の概要〉
- X 年 1 月～6 月（計 5 回面接）。最終フォローアップは終結の 1 年後
- パニック発作の頻度：開始時は週に 2 回。→終結時はなし
- 回避状況：開始時は電車や建物内などあらゆる場所。→終結時は回避はなし

え，あらゆる検査をしましたが，身体的には特に異常がみられませんでした。そこでとりあえず安心して，そのうちこの最初のエピソードについても忘れていたくらいだったのですが，その半年後に転職し，しばらくしてから，再び通勤電車の中でパニック発作を起こしたのです。この 2 回目のエピソードが決定的になり，E さんはひとりで電車に乗って通勤することができなくなり，その後はずっと家族が送り迎えをしています。このように 1 回目のエピソードに驚いて検査をするけれども何も病気は見つからず，「あれは何だったんだろう」と思っていたところ，2 回目のエピソードを体験し，たとえば「ひとりでは電車に乗れない」というように回避が始まるというパターンは，パニック障害の人に非常に多いです。

その後 E さんは，電車以外でも発作が頻発するようになり，一度でも発作が起きると二度とその場に行けないといったことが続いたため，メンタルクリニックを受診し，「パニック障害」と診断されました。そして抗不安薬を処方されたのですが，あまり状態が変わらず，主治医の勧めによりカウンセリングが開始されました。E さんはカウンセリングについて予備知識を持

表5-4. 事例2—認知行動療法の経過

- 第1期（初回セッション）**導入期**
  関係形成。アセスメント。心理教育。ホームワークの開始。簡単な課題の導入。具体的目標の設定
- 第2期（第2～第4セッション）**実践期**
  CBT（特に認知再構成法と行動実験）の適用：面接中の対話と，ホームワーク課題を通じての積極的な取り組み
- 第3期（第5セッション）**仕上げ期**
  効果の維持と般化。面接全体のまとめ。再発防止のための話し合い
- フォローアップ
  セルフマネジメントと効果維持の確認

っておらず，自らCBTを希望したわけではありません。たまたま私が担当になり，初回面接で話を聞いた時点で，パニック障害に対する標準的なCBTを実施するのがよいだろうと判断し，Eさんの同意を得たという次第です。

事例2——認知行動療法の概要

CBTの概要については，ある年の1月から6月までの約半年間で5回のセッションを行いました。さらに終結の2年後に最終フォローアップを行っています。CBTの開始時には週に2回のペースでパニック発作を起こし，一度でも発作が起きた場所を回避していましたが，終結時にはパニック発作は消失し，回避もしないで済むようになるという変化がみられました。

事例2の全体的な経過をもう少し詳しく提示します（表5-4）。

全体的な経過は事例1と同じです。導入期があって，実践期を経て，仕上げ期に至り，終結後にフォローアップをするという流れです。事例2の特徴としては，展開が早いということになるでしょうか。ただし，社会適応の良好な人のパニック障害に対するCBTでは，このくらいの展開の早さはそれ

第5章 認知行動療法カウンセリングの実際—パニック障害　169

表5-5. 事例2—導入期（初回セッション）

1. 話を聞きながら，発作と回避の図を描いていく
2. クライアントの「生活の不便」と「自己効力感の低下」についても十分に話し合う
3. パニック発作，パニック障害についての心理教育
4. パニック障害のCBTについての心理教育
5. 目標設定

ほど特別なことではありません。

事例2の導入期

事例2——初回セッション

では事例2の導入期を紹介します（表5-5）。といっても，導入期としたのは，初回セッションだけです。これも事例1と同じく，初回セッションだけを導入期にしようと決めていたわけではなく，コミュニケーションがスムースにいって，結果的に導入期にやるべきことが1回のセッションでできた，ということです。

導入期にすべきことは，事例1で説明したとおりです。要約すると，アセスメントと心理教育を実施しながらCBT的なコミュニケーションのできる関係を形成し，目標設定を行うということでした。

まずクライアントの抱える問題の経過と現状をヒアリングします。経過については先ほどご紹介したとおりです。そしてパニック障害の人の場合，主に発作および回避をめぐる症状のパターンをヒアリングしながら，それを図に描くなどして外在化し，共有します。次に，パニック障害によってクライアントの生活そのものが非常に不便になり，自己効力感の低下が必ずみられますので，それらについてもある程度しっかりとヒアリングします。そしてパニック発作およびパニック障害について，心理教育をきちんと行ったうえ

で，パニック障害についての心理教育を実施します。そして目標設定をするわけですが，うつ病と異なり，パニック障害の場合は，目標設定が楽です。大体は「パニック発作への予防的対処法を習得する」というのと，「回避している場所や場面に，回避せずに臨めるようになる」という目標になるからです。

事例2――アセスメントのためのヒアリング

それでは事例2の導入期に，アセスメントのためにヒアリングを行っている時点での対話を少しご紹介します。

Co：これまでの経過は，大体わかりました。いくつか質問させていただきたいのですが，よろしいでしょうか？
E ：もちろんです。
Co：これまでの経過について，Eさん自身はどのように考えていらっしゃいますか？
E ：2年前の最初の発作のときは，確かにハードな生活を送っていました。でもその後大丈夫になったから，「治った」と思っていたので，2回目になったときは，すごくショックでした。それも電車だけじゃなくて，他でも起きるようになったから，よけいショックだったんです。自分が，神経科にかかるような弱い人間になってしまったと思って，それもつらいです。そういうふうに思いたくないんです。前の自分と違って，今はすごく消極的になってしまいました。どこに行くにも家族に付き添ってもらうなんて，家族にも申し訳なく思ってしまうし，そう思ってしまうのも本当は嫌なんです。でも家族ならマシで，外で倒れて知らない人に助けてもらうはめになることだけは，絶対に嫌なんです。
Co：突然このような発作に襲われるようになって，行きたいところにも自由に行けなくなり，消極的になってしまった。神経科にも通うはめになってしまった。そういう状況やそういう自分が嫌だ，というお気持ちはもっともだと思います。皆さん，そのようにおっしゃるんですよ。とても不本意ですよね。

E：不本意です。今の自分や生活が本当に嫌なんです。
Co：それで何とかしたい，とカウンセリングを受けることにされたのですね。それだって，本当は不本意ですよね。
E：ええ。先生には申し訳ないけれども（笑）。

　この後，通勤時の家族の送迎について話してもらい，さらに発作について頻度や，発作のときの症状などを詳しく聞きました。さらに現在どんな場所を避けているかということについても詳細にヒアリングしました。その結果，一度発作が起きた場所を回避するので，行けない場所がどんどん増えてしまっていて，その結果，友人との付き合いが悪くなったり，趣味を楽しめなくなってしまっているということがわかりました。
　その後のやりとりをご紹介します。

Co：発作が起きてしまう今の生活では，いろいろなことが制限されているのがよくわかりました。さて，これからカウンセリングによって，再度Eさんが自由に行動できるようになることを目指すわけですが，具体的にEさん自身は，まずはどういうことができるようになるといいと思いますか？
E：快速で通勤できるようになりたいです。それに友だちに誘われたときに，断らないで済むようになりたいです。
Co：他に，目標にしたいことはありますか？
E：1年後に結婚することになっているんです。できれば無事に式や新婚旅行を終えたいのですが。
Co：他には？
E：今，思いつくのはそれくらいです。
Co：これまでの経過，現状，それらに対するEさんのお気持ちや対処，今後どうなりたいか，ということについて，ざっとおうかがいできました。私から，パニック障害について，それからパニック障害に対する認知行動療法のカウンセリングについて，これから説明させていただきたいのですが，よろしいですか？

E：お願いします。

パニック障害とその治療についての心理教育

　カウンセラーは以上のような流れで，パニック障害の経過や現状についてヒアリングを行い，この時点で，ある程度具体的な情報を収集できたと判断しました。そこでパニック障害およびその治療についての心理教育を行うことにしたのです。その際，以下に提示する3つの図を用いて説明を行いました（図5-1，図5-2，図5-3）。これらの図は，私が実際にパニック障害のクライアントとのセッションで使っているものです。パニック障害の人は，これらの図に基づいて説明されると理解が進むようなので，もしよければ使ってください。ただし，別にこれらの図でなければならないとか，この図が一番素晴らしいということを言いたいわけではありません。たとえば今日お配りしたアセスメントシートに，クライアントから聞いた情報を記入していって，それに基づいて心理教育をしても構いませんし，全くの白紙に図を描きこんでいっても構わないのです。重要なのは，クライアントが自分の症状について「まさに，これが自分の体験していることなんだ」と実感を持って理解することと，「CBTをやれば，こんなふうに回復するんだ」という見通しを持てるようになることです。

パニック発作について説明する
　まず図5-1を見てください。
　この図をクライアントに見せながら，たとえばこんなふうに説明ができます。

Co：生活していればちょっとしたストレスを感じることは誰にでもありますよね。特に「ストレス」と思わなくても，何らかのちょっとしたきっかけは，いつでもあるものだと思います。そういうストレスやきっかけに対して，私たちは，

第5章 認知行動療法カウンセリングの実際―パニック障害 173

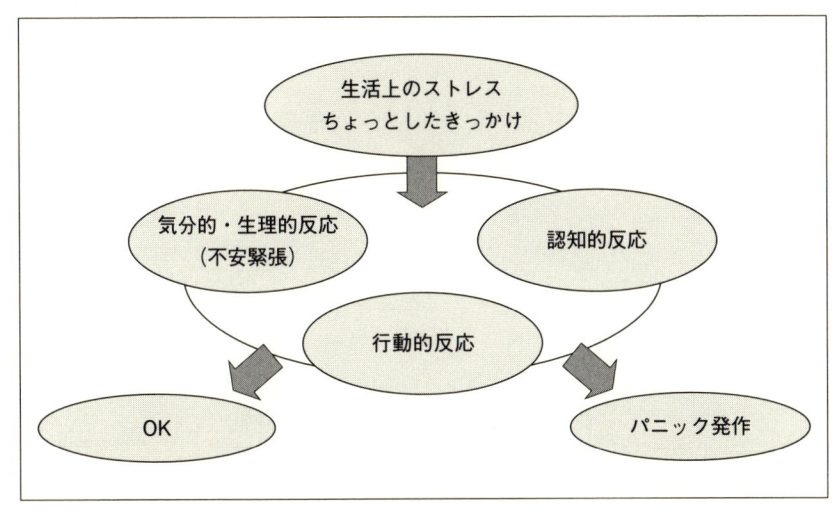

図5-1. パニック障害の説明図①

（図：生活上のストレス ちょっとしたきっかけ → 気分的・生理的反応（不安緊張）／認知的反応／行動的反応 → OK／パニック発作）

> いろいろな反応を起こすのですが，そのなかのひとつに「不安緊張」という，気分的な，そして生理的な反応があります。不安や緊張が生じたらいけないのかといえば，そうではなく，一時的に不安感や緊張感を感じても，放っておけば消えてしまい，OKになるということが大体だと思うんです。ですが，たまたま何らかのタイミングで運悪く，それらの不安緊張がパニック発作につながってしまう場合があるんです。Eさんの場合も，最初の発作はそうだったと思います。不安や緊張を感じるときは，それまでにもあったはずですが，たまたま2年前に電車に乗っていたときに，不安や緊張が生じ，いろいろな要因が重なって，それがたまたま運悪くパニック発作にまでつながってしまったのだと思われます。

　この説明の目的は，パニック発作に何か重篤な原因があるのではないかと心配しているクライアントに対して，パニック発作とは，誰にでも起こり得るものだということを伝えるということです。また「パニック発作＝パニック障害」と思い込んでいるクライアントが結構いるので，それらは別であるということを示すためでもあります。

パニック障害について説明する

次に図5-2を示します。

この図をクライアントに見せながら，たとえばこんなふうに説明ができます。

Co：先ほどお話ししたとおり，パニック発作とは，ある状況で，運悪く，たまたま起きてしまうものなんです。Eさんもそうだったと思いますが，一度でもパニック発作を起こし，しかもそれが「パニック発作」だと知らなければ，その体験が強烈な記憶として残ってしまうんですよね。大体はとても恐ろしかった体験として記憶されます。そして，この「破局的認知」というのは，たとえばEさんの場合は，少しドキドキしたりめまいがすると，それに対して「やばい。倒れてしまう」と思って，さらにドキドキがひどくなって発作に至るというお話でしたが，このように自分の身体の変化に対して，大変なことが起きてしまうという考えのことをいいます。あるいは発作の後に「大変な病気にかかってしまった」と心配したり，「今度これが起きたら，知らない人がたくさんいるところで，バッタリと倒れてしまうに違いない」などと考えてしまうことも含まれます。Eさんのお話にも，そういったことがあるとのことでしたよね。そして発作の体験を恐ろしいものとして記憶していたり，「今度起きたら，倒れてしまう」と何度も考えることによって，不安や緊張感が高まり，より発作が起こりやすくなってしまうといった悪循環にはまってしまうのです。そして，このような悪循環によって，今度は発作が起きた場所や状況を避けるようになってしまうのがパニック障害の特徴です。Eさんも，一度発作が起きた場所には行けなくなってしまっていますよね。このことを「回避」と呼んでいます。パニック障害で重要なのは，この回避が起きているということなんです。そしていろいろな状況を回避するようになったり，Eさんもそうですが，誰かと一緒でないと外出できないといったことが続くと，前のように自分が動けなくなってしまった，以前の自分だったらこんなことはなかったのに，と感じるようになるのです。それがこの「自己効力感の低下」というものです。そうなると，楽しみが減ったり，落ち込んでしまったり，Eさんもおっしゃっていたように罪悪感が生じたりといっ

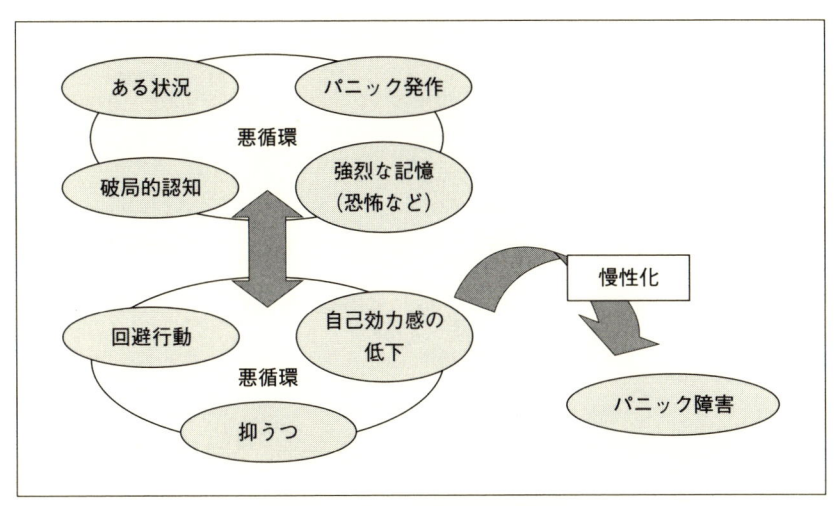

図 5-2. パニック障害の説明図②

た「抑うつ」の症状が二次的に出てきたりするんです。さらにこの「回避」「自己効力感の低下」「抑うつ」といった部分でも悪循環が起きてしまうんです。そして，パニック障害とは，こういったことが続いて慢性化してしまった状態のことをいうのですが，ここまでよろしいですか？

パニック障害に対する認知行動療法について説明する

そして図 5-3 が，パニック障害の CBT について説明するときに用いるものです。

この図をクライアントに見せながら，たとえばこんなふうに説明ができます。

Co：パニック障害はこのように，さまざまな要因がからみ合って維持されているので，こういう図を見ると，いろいろと書いてあって，何か大変な感じがするかもしれませんが，悪循環を断ち切るには，これらの全部を変えなくてはならないということではなく，どこか対処できるポイントを見つけて，何ら

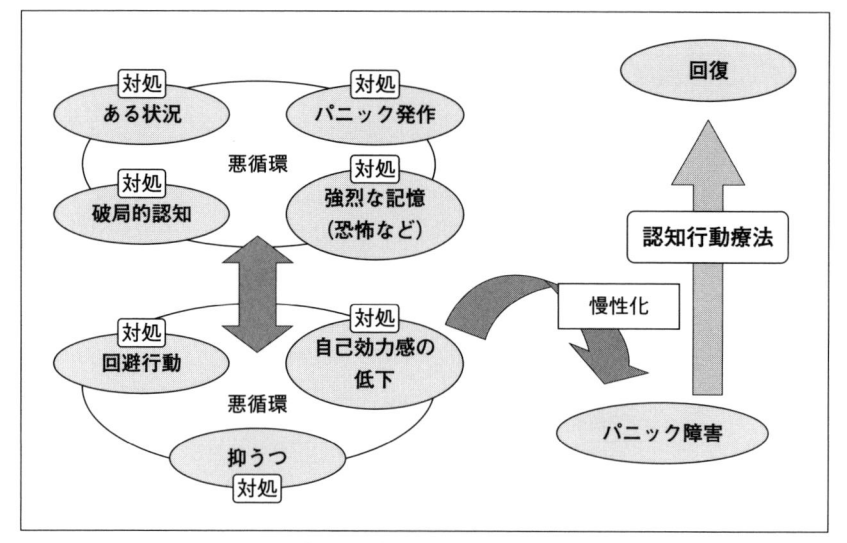

図 5-3. パニック障害の認知行動療法の説明図

> かの対処にトライして，それがまあまあうまくいけば，次第にこの悪循環が改善されていきます。たとえばパニック発作につながるような状況に改善のポイントがあるのかもしれないし，発作を予防するために何かできるかもしれません。発作の記憶や破局的な認知に対処することもできますし，回避や抑うつといった悪循環にも対処が可能です。こうやって症状を分解して，対処法を身につけていくカウンセリングのやり方を「認知行動療法」と呼んでいます。認知行動療法は，パニック障害に効果があることがすでに確かめられています。先ほど申し上げた対処法が，認知行動療法の中にはいくつもあるのです。これから E さんのパニック障害についてもう少し詳しく教えていただき，認知行動療法の対処法を試していくことで，この悪循環が解消され，回復することは十分可能だと思います。ここまでの説明はいかがですか？

このようにクライアントから聴取した情報を用いて，図を使いながらパニック障害とそれに対する CBT について大雑把に説明するだけで，たいていのクライアントは，よく理解し，「認知行動療法をやってみたい」と言って

くれます。そこでさらにパニック障害のCBTについての説明を続けていくのです。

> Co：ここまでの説明で大体ご理解いただけたと思いますが，パニック障害の認知行動療法で特に重要なのは，発作につながるような考えや不安緊張感に，自分で対処するためのやり方を，Eさんご自身に身につけていただくことです。「ちょっとあぶないな」というときに，自分で対処できれば，小さな発作にとどめられるようになり，そのうちに事前に防止できるようになります。対処法にはいろいろな種類があるので，Eさんにさらに症状を自己観察していただいた後に，Eさんに合った対処法を選択し，練習していただくことになります。ここまでよろしいですか？

この説明のポイントは，自分で対処するやり方をクライアント自身に習得してもらう，ということを強調していることです。そのために自己観察や練習など，課題をやってもらう必要があることも併せて伝えます。あくまでも自助が基本であり，CBTはそれを手助けするのだということを伝えたいのです。

説明はまだまだ続きます。

> Co：もうひとつ，大事なことがあります。先ほどお話ししたとおり，重要なのは「回避」です。パニック発作があっても，回避をしなければ「パニック障害」とは言いません。発作が起きることを事前に恐れて，行きたい場所に行けない，やりたいことができない，つまり回避し続け，生活に支障を来すというのがパニック障害の定義です。確かにパニック発作が起きるのはすごく恐ろしいことだと思いますが，対処法を身につけれられれば，それほど恐れなくても済むようになりますよね。同時に，これまで避けていたことを避けずにチャレンジするということが，すごく大事なのです。つまり，パニック発作への対処，そして回避への対処，この2つがカウンセリングの二本柱になるのです。

先ほども申しましたとおり，パニック障害のクライアントは，パニック発作のほうに注目していることが多いのですが，CBTで実際に取り組まなければならないのは，むしろ回避です。ですから最初の心理教育のときに，そのことをはっきりと伝えます。

心理教育を通じてモチベーションを上げていく

さらに説明は続きます。

> Co：こういうさまざまな対処をひとりでやれと言われても，なかなか難しいものだと思います。できるなら，とっくになさっていますよね。そこでカウンセラーの助けを借りて，対処法を身につけたり実施したりする計画を立てて，発作や回避を何とかしようというのが認知行動療法なんです。主役はあくまでもEさんご自身です。ここで対処法をお伝えしたり，計画を立てたりすることは一緒にできますが，それを生活の場でEさんご自身に「実験」してもらうことが，絶対に欠かせないのです。Eさんに実験してもらい，それをまたここで検討する，ということの繰り返しが，パニック障害の認知行動療法ということになります。ここまでよろしいですか？

この説明では，CBTの効果を上げるために，クライアント自身の実生活での取り組みが欠かせないということを強調しています。こうやって少しずつクライアントのCBTに対するモチベーションを上げていくのが，CBTの心理教育のポイントです。これは何もパニック障害に限ったことではありませんが，パニック障害では特にこのような心理教育をしっかりと丁寧に行う必要があります。その後さらに以下のやりとりがありました。

> Co：さらにもうひとつ大事なことがあります。カウンセリングでは，いろいろな考え方ややり方をEさんに身につけていただきますが，これは回復のためでもありますし，再発予防のためでもあります。ある程度回復された時点で，今回のことがどういう背景によって起こり，同じような羽目に陥らないため

第5章 認知行動療法カウンセリングの実際―パニック障害　179

に，回復後，どんなことに気をつければよいのか，といったことについても検討したいと思います。ここまでできれば，再発の予防までバッチリできますので，後はカウンセリングで身につけたことを実践していただければ，今回のようなことにはならずに済むと思いますよ。ここまでお聞きになって，今のお気持ちはいかがですか？　質問があれば，遠慮なくしてください。

E：よくわかりました。対処法の練習をしてみたいですし，回避しないで済むようにもなりたいです。そうしたら家族に迷惑もかけずに済みますから。お聞きしたいのは，どのくらい期間がかかるか，ということです。

Co：大事な質問ですね。個人差はありますが，私の経験では，パニック障害に絞ってカウンセリングをした場合，多くても10回くらいで終わりにできます。1週間おきか，1カ月おきかというペースによって，期間は変わってきます。Eさんは，どのくらいの期間をご希望になりますか？

E：1年後の結婚式には，間に合わせたいんですが。

Co：そういう具体的な目標があるのはとてもいいですね。1年という期間は，現実的でとてもよいと思います。それでは快速電車で通勤できるようになること，友だちからの誘いに応じられるようになること，1年後の結婚式や新婚旅行を無事迎えられること，というのを目標に，先ほどお話ししたような進め方で，認知行動療法を進めていきたいと思いますが，いかがでしょうか？

E：ぜひ，お願いします。

Co：ではさっそく今回やってきていただきたい課題なのですが，ちょっと発作につながりそうな嫌な感じがしたとき，少し不安な感じになったときに，ご自分を観察するということです。頭にはどんな考えが浮かんだか，身体の反応はどうだったか，どんな気分になったか，どんな行動を取ったかなどについて，どんなに細かいことでも結構ですから，自己観察して，気づいたことを次回私に詳しく教えてください。

E：わかりました。

　ここでのやりとりでは，再発予防について心理教育し，セッションのペースや回数について検討し，さらに面接目標の合意まで話が進みました。先ほどの事例1と比べて展開が早いのがおわかりいただけたかと思います。うつ

の場合は，「そのクライアントのうつ」を丁寧にアセスメントして，問題点を洗い出し，目標を決めて，技法を選択するプロセスに時間をかける必要がありますが，このEさんのような，パニック障害だけを主訴として，パニック障害とそれによる生活上の問題の解決を望む人の場合は，それに集中してCBTを進めていけばよいので，大体の回数も予測がつきますし，初回セッションで目標を立てるところまで進めることも可能なのです。ただし初回セッションでのホームワークはあくまでも自己観察が基本です。現状を把握したうえで介入するというのは，どんな場合でも同じです。

　事例2では，第2セッションから第4セッションまでを実践期，第5セッションを仕上げ期としますが，こちらは事例1と同様に，簡単に紹介するにとどめます。実践期では事例1と同様に，面接目標に合った技法を導入して，Eさんにどんどん練習をしてもらいました。

事例2の実践期

事例2――実践期：認知再構成法

　まず行ったのは，簡単な認知再構成法です。たとえばちょっとした緊張によって胸がドキドキすることは誰にでもあることで，普通の人は，「あら，ちょっとドキドキしているな」でやりすごすことができます。しかしパニック障害のクライアントは，「心臓発作を起こしてしまう」「このまま死んでしまうかも」と最悪のことを考え，その考えによりさらに緊張が高まり，パニック発作に至るというパターンを持っています。ところが自分が「パニック障害」だと知った後では，その胸のドキドキに対して，違った認知的反応が自然にできるようになる人が多いです。自然にできるようにならなくても，CBTで緊張に対する対処法を学んだり，カウンセラーとちょっとしたやりとりをしているうちに，やはり別の適応的思考ができるようになります。

　Eさんもそうでした。CBTの開始前，Eさんはちょっとした身体感覚に気づくと，それに対して破局的な自動思考が生じていたとのことでした。し

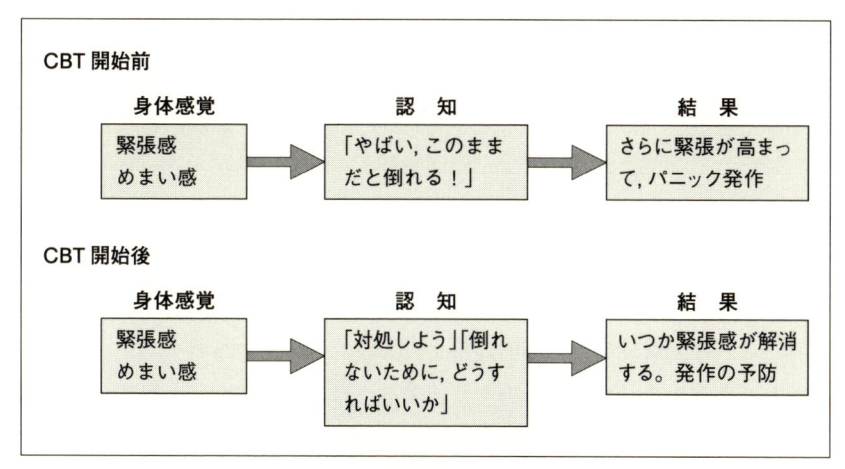

```
CBT 開始前
   身体感覚         認 知          結 果
  ┌──────┐    ┌──────────┐    ┌──────────┐
  │緊張感 │ →  │「やばい,このまま│ →  │さらに緊張が高まっ│
  │めまい感│    │だと倒れる!」  │    │て,パニック発作 │
  └──────┘    └──────────┘    └──────────┘

CBT 開始後
   身体感覚         認 知          結 果
  ┌──────┐    ┌──────────┐    ┌──────────┐
  │緊張感 │ →  │「対処しよう」「倒れ│ →  │いつか緊張感が解消│
  │めまい感│    │ないために,どうす │    │する。発作の予防 │
  │     │    │ればいいか」   │    │          │
  └──────┘    └──────────┘    └──────────┘
```

図 5-4. E さんの緊張に対する認知の変化

かし自分の症状が「パニック障害」であるということを知り，さらに心理教育によって発作のメカニズムや緊張への対処法があるということを知ったことで，緊張による嫌な感じを多少感じても，以前のように「やばい，倒れる！」「来た！　このままだと倒れる！」という破局的な解釈をせずに，「対処してみよう」「倒れないためには，どうすればよいか」と考えられるようになり，その結果，緊張が必ずしもパニック発作に至らないということを体験できました。それらを簡単にまとめると図 5-4 のとおりになります。

　時間をかけて本格的に認知再構成法を練習しなくても，このように認知の再構成ができるときもあります。その場合，対話で行われた再構成を，やはり図 5-4 のように紙に外在化し，「こういう変化が，あなたの認知に起きているんだ」ということをクライアントと共有しておくのが，より効果的です。

事例 2 ——実践期：実験計画とその検証

　それから実践期で集中的に行ったのは，実験計画とその検証を繰り返すことです。先ほども申しましたとおり，パニック障害の CBT では，クライアントの回避にクライアント自身が対処できるようにならなくてはなりません。

つまり曝露が必要なのですが，曝露を「実験」と考え，セッション中に実験計画を立て，ホームワークとしてクライアントに計画を実行してもらい，その結果を次のセッションで報告してもらう，という流れを作れると効果的です。

Eさんの場合，回避行動がパニック障害をむしろ維持しているのだということを，心理教育を通じてよく理解してもらった後に，不安な場面に回避せず，認知の再構成やリラクセーション法などを用いながら，その場に居続けたり，これまで避けていた場所に出かけてみたり，というチャレンジを少しずつしてもらいました。多くのクライアントは，実験すなわち曝露にトライして，その結果，パニック発作は起きず，不安な場面を乗り切れたという体験を一度でもすると，自信がつき，こちらが特に誘導しなくても自分からチャレンジするようになります。Eさんも，そうでした。特にホームワークとして「快速に乗る」という課題は立てていなかったのに，「この間，『快速に乗るとどうなるかな』と思って，乗ってみましたが，意外にもどうってことなくて，そのまま家に帰れました」と，第4セッションで報告してくれました。Eさんが「○○すると，どうなるかな」と思うこと自体が，回避とは全く逆の方向で物事を考えられるようになったことを示しています。ここまで来れば，カウンセラーは，「ええ？　もうそんなチャレンジを？」と驚くだけでよいので楽です。

事例2――実践期：リラクセーション法

もうひとつ実践期に行ったのは，リラクセーション法の練習です。不安緊張状態がいきすぎると発作に至るので，それを自分で予防できるようになるために練習してもらうのです。パニック発作およびパニック障害の心理教育がきちんと行われていれば，不安緊張に自分で対処することの必要性について，クライアントが理解しているはずですので，導入もスムースです。リラクセーション法の導入の手順を表5-6に示します。

まず不安緊張とそれによる症状について心理教育を行います。この場合，

表 5-6. リラクセーション法の導入の手順

1. 不安緊張症状についての心理教育（生理的側面についての説明を含む）
2. 発作前や日常生活中の緊張–弛緩の自己観察
3. リラクセーションのための姿勢，呼吸法の導入
4. 必要に応じて，筋弛緩法，自律訓練法，イメージ法，アロマセラピー，ストレッチングなどの導入
5. 習得した方法の実践と自己観察

　自律神経など生理的側面についてもきちんと説明すると，正確に理解してもらえます。精神論ではなく生理的な現象として不安緊張について理解してもらうのです。次に，クライアントに自己観察してもらいます。いきなり練習に入る前に，「現在どうなのか」ということをモニターしてもらうのです。たとえば発作直前の緊張の仕方や，日常生活での緊張レベルについて，「自分はどうなのか」ということをホームワークの課題として観察してもらうなどします。そのうえで最初にリラクセーションのための呼吸法を練習してもらいます。その際，肩の力を抜くなど，リラックスできる姿勢を取ってもらうことが重要です。呼吸法は，はじめに安静な状態で練習してもらい，慣れてきたら不安緊張場面で実験してもらいます。大抵の人は呼吸法を習得すれば，それで十分ですが，リラクセーション法自体に興味を持って，「もっとやってみたい」「他の方法も知りたい」ということであれば，筋弛緩法や自律訓練法など，さらに練習してもらうこともあります。いずれにせよ呼吸法をきちんとマスターし，それを日常的に実践してもらい，セッションでその報告をしてもらうということを継続することが重要です。

　EさんとのCBTでは第2セッションからリラクセーション法についての心理教育を開始し，第4セッション時には，不安時にリラクセーション法を試して楽になれること，パニック発作を防げると実感できるようになったことが確認されました。また，リラクセーションが自分でできるようになると，認知の再構成も曝露法も非常にしやすくなります。クライアントによっては，

リラクセーション法を習得したことで，これまでいかに自分が緊張していたかということに気づく人もいます。

「実験」がポイント

以上が実践期に行われたことの紹介ですが，それを一言で言えば，やはり「実験」ということに尽きます。認知再構成法にせよ，曝露法にせよ，リラクセーション法にせよ，セッションで「今度はこうやってみようか」「今度はこう考えてみようか」という話し合いをしますが，それが実験計画です。そしてホームワークの課題として，日常生活で実験を行ってもらい，次のセッションで実験結果を報告してもらうわけです。この「実験計画を立て，実践し，結果を出して，報告する」という流れができてくると，クライアント自身が自発的に実験を始めるようになります。そして「こんなことをやってみたら，こうだった」「こんなことも試してみたら，こうだった」と，楽しそうに報告してくれるようになります。「楽しい」というのは大切なことだと思います。実際，CBTのセッションは，知らない人が見ると，結構楽しそうな印象を受けるのだそうです。さらに実験そのものが，そして実験についての話し合いが楽しくなってくると，たいていパニック発作はほとんど起きなくなります。なにしろ「今度，発作になりそうになったら，こうしてみよう」と計画を立てているわけですから，その計画によって発作が予防されてしまうのです。「発作が起きたら，どうしよう」と思っていると発作は起き，「発作が起きたら，こうしよう」と思っていると発作は起きない，ということをクライアントが体験すること自体が，とても意味のあることです。

Eさんの場合，第4セッションで，「快速に乗る」「友人の誘いに乗る」という目標が達成でき，パニック発作は起きず，ほとんどの場合回避もしないでいられるようになったことが確認されたため，少し間をあけて第5セッションの予約を取ってもらい，特に問題がなければそれで終結とすることになりました。

事例2の仕上げ期とフォローアップ

　そういうわけで第5セッションの1回の面接のみを，仕上げ期として簡単にご紹介します。仕上げ期で行ったことは事例1と同じですが，Eさんに対しては，ストレスマネジメントについて全般的に説明したのが特徴的でした。パニック障害の人に多いのですが，CBT開始時には，発症について，「特にいつもと変わらなかったのに，なぜこうなったのかわからない」と言うのですが，CBTを実施することによって，「やはりあの時自分はかなり無理をしていた」「結構ストレスが溜まっていたことに，今になって気づいた」と振り返る人がいます。Eさんもそうでした。最初と2度目のパニック発作が起きたときの生活状況を聞くと，相当無理して仕事をしていたことや，睡眠時間が非常に短かったことがわかりました。そこでストレッサーやストレス反応，さらにストレスコーピングといった用語を使って簡単にストレスモデルを示し，パニック発作に至るような状態になる前に自分でストレスマネジメントをしていってほしいということを伝えたのです。その際，認知再構成法やリラクセーション法など，クライアントがCBTを通じてすでに習得したスキルがストレスコーピングとして使えることを示します。

　仕上げ期におけるEさんとのやりとりは非常にスムースに進み，1回のセッションで済みましたので，あとはフォローアップの計画を立てて終結としました。Eさんの場合，1年後には結婚して地方に引っ越す予定だったため，フォローアップのセッションは特に行わず，手紙のやりとりでフォローアップをするということで合意して終わりにしました。予定通り1年後にフォローアップのために手紙を出しましたが，結婚式や新婚旅行も無事終えて，発作を起こすこともなく，元気に生活しているということでした。

第6章　まとめの作業

　それでは今日のワークショップのまとめの作業を行います。まず私から少しお話しさせていただき，次に皆さんからフィードバックを頂戴したいと思います。

　今日のワークショップで私が一番お伝えしたかったことを，まとめてみました。

認知行動療法＝協同的な問題解決のプロセス

　まず大前提として，CBTは協同的な問題解決のプロセスであるということです。特にカウンセリングでCBTを実践する場合は，治療や介入といったことではなく，カウンセラーとクライアントが一緒に問題解決をしていくのだと考えていただきたいと思います。その問題解決ために，カウンセラーはクライアントとチームを組むのです。ただし，チームといっても役割分担があり，まずカウンセラーは専門家として，クライアントがよりよく問題解決できるように援助するわけですが，そのための教育や対話を行うということに責任を負っています。そしてチームですから，当然クライアントにも役割があります。今日お伝えしてきたとおり，CBTにはさまざまな認知行動スキルがありますが，それらのスキルを習得し，日常生活で実践することができるのは，クライアントだけです。ですからクライアントには，スキルを

練習したり，実践したり，カウンセラーにその報告をしたりする役割が求められるのです。

　そのクライアントの実践の経緯や結果は，再度カウンセラーと共有されます。そして各実践の効果を検証し，さらなる実践課題を設定するというように，協同的問題解決のプロセスが進められ，それらはすべてカウンセラーとクライアントで共有されます。そしてこのような問題解決を一緒に進めていくなかで，チームメンバーとして互いの共感や信頼感が高まるのです。今日，具体的なデータに基づく理解ができてはじめて共感できるのだとお話ししましたが，私はそれが普通の人間の感覚なのではないかと思います。CBTは仕事で言えばプロジェクトのようなものです（表6-1）。最初はプロジェクトメンバー同士，相手がどういう人かわかりません。しかしプロジェクトが進行し，その中で苦労や喜びを共にするうちに，信頼感や共感性といったものが次第に高まってくるのではないでしょうか。そしてプロジェクトですから，目標が達成されればチームは解散になりますが，このプロジェクトで実践した協同的な問題解決の体験がその後生かされていくのです。だからこそCBTは再発予防効果が高いのだと思います。

　時間の関係で事例2やまとめの作業をかなり急いでしまいました。時間配分がうまくできなかったのは認知行動療法家として良いことではなく，申し訳ありませんでした。それでは最後に，皆さんから一言ずつ，今日のワークショップについて感想や疑問などをお話しいただきたいと思います。

参加者1：今回ワークショップに参加させていただいて，ワークショップ自体も構造化されていて，認知行動療法のカウンセリングについて参加者集団で共有しているという感じがあって，自分自身の内省が深まりました。認知行動療法に対してどこから取り組んでいくかという，小さな目標というのを今日，ちょっと発見できたかなという気がして，とてもすっきりして帰ることができそうです。

参加者2：やっぱり私は人間関係というのが基本にあるというか，お互いに協同て

表6-1. 今日のワークショップのまとめ

認知行動療法とは協同的な問題解決のプロセスである
1. カウンセラーとクライアントは「問題解決チーム」を組む
2. カウンセラーは，クライアントの問題解決を援助するための教育や対話を行う
3. クライアントは認知行動スキルを習得し，日常生活で実践する
4. カウンセラーとクライアントはさまざまな実践結果を検証し，問題解決の過程を共有する。チームメンバーとして助け合ううちに共感が高まる
5. 目標が達成され，チームは解散となるが，協同的な問題解決の体験はずっと生き続ける

やっていくというのが，当たり前と言えば当たり前のことなんですが，再認識できて，よかったと思います。

参加者3：やっぱりプロセスが大事だと思いました。順番にちゃんと進めていくプロセスが大事だということを改めて認識しましたし，そのプロセス自体が構造化されているということがわかりました。

参加者4：認知行動療法はすごく論理的で，クライアントさんにわかってもらうのがすごく難しいなというのが実感だったんですけれども，それも「持っていき方次第なんだな」というのを，今回ワークショップに参加して，すごく実感しました。あくまでそれはこちらから一方的に教えるとかそういうことではなくて，協同作業だというのがすごくよくわかったので，よかったと思います。

参加者5：私は実践などまだ全然できる状態ではないので，こういう基本的な考え方から学ぶというのはすごく勉強になりました。結局この基本モデルにいつも戻っていけばいいんだなということがわかって，何かすっきりしたようです。疲れて頭が重いですけど，その反面，頭がすっきりした感じがします。

参加者6：認知の再構成法とか，テクニック的にはすごく知られているんですけれども，その前のアセスメントというのがすごく重要で，そういうふうにクライアントさんに細かくいろいろ聞いていかなければいけないんだな，というのがわかってよかったです。

参加者7：認知行動療法というと，技法の華々しいような部分に，やっぱり自分も目が向いていたんですけれども，今日，その前の段階を詳しくうかがうことができてとても勉強になりました。それにクライアントさんとの関係性――対等

であるというところ——がすごく打ち出された療法なんだなという印象をすごく強く持ちました。

参加者8：パニック障害とか，うつだけじゃなくて，健常者に対しても1つの行動をこうやって分けて考えみるとか，自分の感情をもう少し分析してみるという，そういうことにもすごく使えそうで，「自分でやってみよう」と思えました。

参加者9：基本原則のところで，再発の予防や目標を具体化していくという，そういうことは非常に有効だと思ったんです。ただ構造化について，伝統的心理療法と比べて割と緩い感じがしたんです。もちろん構造はつくるのですが，クライアントさんとお互いに協力しながらやっていくわけで，こちらが一方的に指示するわけではない。すると構造化が緩い分，柔軟性があって，かえって仕切りづらいというか，難しさも出てくるんじゃないかなと，思いました。

伊藤：今おっしゃった構造化というのは，面接関係や治療関係における構造のことですか？

参加者9：はい，そうです。

伊藤：今日ご紹介したセッションの構造化とか，そういう意味ではないのですね？

参加者9：そうです。関係のことです。治療関係の構造が，緩いというか，いくらでも変化させられる，ということですよね？

伊藤：はい，ある程度変化させられますね。

参加者9：それは初心者にとっては「どのくらい変化させていいのか」というのが，すごく難しいと思いました。

伊藤：ありがとうございます。少しコメントさせていただきますが，やっぱりクライアントさんと相談していくということだと思うんですね。スーパービジョンで，スーパーバイジーが，「どうすればいいでしょうか？」と，スーパーバイザーである私に聞くことがあるのですが，「クライアントさんと相談すればいいのではないですか？」と私が言うと，「ああ，そうですよね」という感じで納得されることが多いです。要するに，たとえば「何か言い過ぎちゃったかしら」とか，「こういうやり方でいいかしら」とかカウンセラー側が心配に思っていることがあれば，それをクライアントさんに提示して，「これこれこういう理由で，この点について心配しているんだけれども，どうでしょう？」とクライアントさんに聞いてしまうのです。するとちゃんとクライアントさんも自

分の意見を話してくれます。カウンセラー側がすべて自分で決めて，何でもやらなければならないと思うから，大変に思えてしまうのです。日本認知療法学会の大会で，ある先生が「認知療法では，臨床家だけでなく，患者さんにも治療の責任を共有してもらって，協力してもらう必要がある」とおっしゃっていましたが，その通りだと思います。貴重なコメントをありがとうございました。

参加者10：実は私も，今日，ちゃんと認知療法を勉強するまでは，「コラム法＝認知療法」と思い込んでいたひとりです。それでなかなかうまくいかないというのが多かったんですけれども，今日，きちんと勉強をさせていただいて，アセスメントや構造化が大事だということがやっとわかってきました。とにかく何とかしてコラム法を納得してやってもらおうとするより，今日配られたアセスメントツールをクライアントさんとちゃんと書いていくほうが，よほど信頼関係もできるし，モチベーションも上がるのではないかと思います。また今日は，アセスメントツールに記入していくための対話例がいっぱい出てきたので，それもまたすごく勉強になりました。

参加者11：アジェンダ設定のときに，クライアントさんにフリートークという方法を提示したり，さらにそれを認知行動療法のモデルで考えるというような提案をするのが，自分にとってはすごく意外で，そういうやり方もあるのかと，CBTの意外な側面を発見できてよかったです。

参加者12：私も認知行動療法は，コラム法とか問題解決法のことだと思っていて，クライアントさんに対して，いきなりツールを出して，埋めようとしたりしていました。私の勤務先は中学校なので，子どもたちに随分きつい思いをさせていたんだなと思いました。職場に戻ったら，早速，導入部分から改めてやり直してみたいと思います。

参加者13：これまで認知療法のワークショップは，他でも参加してきたんですけれども，今回が最も具体的で実践的で，そこが一番役に立ちました。特にアジェンダ設定のロールプレイをやったのは初めてだったので，改めてやってみるとそんなに簡単ではありませんが，大事なところだなというふうに感じました。それから，問題解決とかソーシャルサポートに焦点を当てているところは伊藤先生のオリジナルのところだと思いましたので，これはEAPでも非常に役に立つなと思いました。

参加者14：アセスメントのところにやっぱり時間をかけて，具体的な問題を一緒に共有していくというのが大切だということが，よくわかりました。そのために，こなれた質問ができるように，研修を続けていきたいなと思いました。今後さらに実践的なワークショップにも出てみたいので，よろしくお願いします。

参加者15：僕も勉強不足で，皆さんと同様の誤解がCBTに対してありました。認知療法といえばやっぱりDTR（非機能的思考記録表）だと思い，それをやっていましたし，それがないCBTはありえないと勝手に思い込んでいました。でも，そうではない，DTRがなくてもCBTは十分成り立つというところがすごく新鮮でした。今日は基本中の基本を勉強させていただいたということが，僕にとっては重要です。それから，すごくうれしかったのは，先ほどの外在化がなぜ必要かというところで，認知心理学の視点からはメタ認知機能を上げていくことが大事だという話がありました。こういったワークをすることの重要性が再認識できて，すごくうれしかったです。とても充実したワークショップでした。ありがとうございました。

　皆さん，大変参考になるコメントをありがとうございました。最後，時間が足りなくて急いでしまって申し訳ありませんでした。CBTはひとつの体系ですから，文献をお読みになり，またこのようなワークショップでの体験を重ねていただき，少しずつCBTを習得し，実践していただけたらと思います。今後，私たちも，さらに実践的なワークショップのプログラムを作っていく予定です。最後に参考文献のリストを挙げますので，ぜひ参考になさってください。それでは今後ともCBTを学ぶ仲間として，どうぞよろしくお願いします。本日は本当にお疲れ様でした。ありがとうございました。

- アセスメントシート
- 参考文献
- 索引

ツール1 全体像のアセスメント
クライアントID：＿＿＿＿＿

アセスメントシート
自分の体験と状態を総合的に理解する

氏名：＿＿＿＿＿＿＿＿様
　　　年　月　日（　曜日）

状況
ストレスを感じる出来事や変化
（自分、他者、状況）

自分
- 認知：頭の中の考えやイメージ
- 気分・感情
- 行動
- 身体的反応

コーピング（対処）

サポート資源

備考：

Copyright 洗足ストレスコーピング・サポートオフィス

参考文献

1) アーロン・T・ベック（著），大野裕（訳）：認知療法―精神療法の新しい発展．岩崎学術出版社，1990年．
2) 坂野雄二（著）：認知行動療法．日本評論社，1995年．
3) トーマス・J・ズリラ（著），丸山晋（監訳），中田洋二郎，杉山圭子，椎谷淳二（訳）：問題解決療法．金剛出版，1995年．
4) W・ドライデン，R・レントゥル（編著），丹野義彦（監訳）：認知臨床心理学入門―認知行動アプローチの実践的理解のために．東京大学出版会，1996年．
5) 大野裕，小谷津孝明（編著）：認知療法ハンドブック〈上巻〉〈下巻〉．星和書店，1996年．
6) アーノルド・ラザルス（著），高石昇（監訳），東斉彰，大塚美和子，川島恵美（訳）：マルチモード・アプローチ．二瓶社，1999年．
7) デニス・グリーンバーガー，クリスティーン・A・パデスキー（著），大野裕（監訳），岩坂彰（訳）：うつと不安の認知療法練習帳．創元社，2001年．
8) 丹野義彦（著）：エビデンス臨床心理学―認知行動理論の最前線．日本評論社，2001年．
9) 丹野義彦（著），認知行動療法の臨床ワークショップ―サルコフスキスとバーチウッドの面接技法．金子書房，2002年．
10) デイヴィッド・G・キングドン，ダグラス・ターキングトン（著），原田誠一（訳）：統合失調症の認知行動療法．日本評論社，2002年．
11) 井上和臣（編著）：認知療法ケースブック．星和書店，2003年．
12) 大野裕（著）：こころが晴れるノート―うつと不安の認知療法自習帳．創元社，2003年．
13) ジュディス・ベック（著），伊藤絵美，神村栄一，藤澤大介（訳）：認知療法実践ガイド・基礎から応用まで―ジュディス・ベックの認知療法テキスト．星和書店，2004年．

索引

欧 語

CBT（cognitive behavior therapy） 1
DSM-Ⅳ 59
DTR（dysfunctional thought record：非機能的思考記録表） 107
WCBCT（世界行動療法認知療法会議） 6

日本語

あ 行

アーロン・ベック 5
悪循環 14, 69, 138, 174
　　──の全体像 28
アジェンダ 4, 76, 78
　　──設定 76, 81
アセスメント 59, 127
　　──シート 26, 60, 66
新たな思考 109
アルバート・エリス 6
異常心理学 7
今, ここの問題
　　（here-and-now problem） 33
イメージ 9, 53
インテーク 128
インフォームド・コンセント 43
うつ病性障害 123
埋め合わせ戦略 20

エビデンス 6, 62
オーダーメイド 40
オープン・クエスチョン（開かれた質問） 46
思い込み 18

か 行

解決志向 35
外在化 83, 122, 138, 169, 181
階層的認知のモデル 17
回避 174, 177
　　──行動 165
カウンセラーとクライアントの関係性 31
学習理論 5
環境 7
起承転結 37
気分・感情 8
気分のよい対話 44
技法選択 39
協同 65
　　──作業 31
　　──的実証主義 31, 46
　　──的な問題解決のプロセス 187
原因帰属 150
コアビリーフ 19
構造化 37
行動 7
　　──系のコーピング 24
　　──療法 5
コーピング（対処） 23
　　──スタイル 24
呼吸法 183

個人
　——間相互作用　8
　——差　16
　——内相互作用　8
コラム法　107

さ　行

再発予防　37, 156, 178, 188
サポート資源　25
仕上げ期　126, 156
時間配分　78
自己観察　164
　——課題　131, 140
自己治療　36, 157, 158
実験　120, 165, 184
　——計画とその検証　181
実践期　126, 147
自動思考（automatic thought）　17, 109, 135, 138, 165
社会心理学　6
社会的相互作用　8
受容・共感　46
自律神経　182
事例定式化（ケース・フォーミュレーション）　59
心身症　101
身体　8
診断　59, 63
心理教育（psycho-education）　35, 61, 70, 73, 127, 164, 172, 178
スキーマ　19
ストレス
　——科学　7
　——コーピング　185
　——状況（ストレッサー）　22
　——反応　22
　——マネジメント　166, 185
　——免疫訓練　6
　——モデル　22
精神科診断学　7
精神病理学　7
精神分析　4
生物-心理-社会モデル　24
セッション
　——の構造化　75
　——を構造化する目的と効果　79
セルフカウンセリング　36
全体像　27
　——を理解する　29
相互作用　7
双方向的なコミュニケーション　41, 148
双方向的な対話　45, 127
　——の例　50
ソーシャルサポート　24
ソクラテス式質問
　——法　46, 135
　適度に制約のある——　49
その他の認知行動技法　120

た　行

小さなまとめと確認の作業　54
チーム　31, 187
中核信念　19
ツール　26, 60, 112
導入期　126
読書療法　122, 159
ドナルド・マイケンバウム　6

な　行

認知　7
　——系のコーピング　24

——的概念化　59
　　——の歪み　114
認知行動療法（cognitive behavior therapy：CBT）　iii
　　——についての心理教育　71
　　——の起源　4
　　——の基礎理論　6
　　——の基本原則　31
　　——の基本スキル　41
　　——の基本モデル　7, 31
　　——の現状　6
認知再構成法　107, 147, 149, 165, 180
認知心理学　6, 115

は 行

媒介信念　18
破局的認知　174
曝露　182
　　——法（エクスポージャー）　165
パッケージ　39
発達心理学　6
パニック障害　163
パニック発作　172
非機能的思考記録表　107, 111, 150
開かれた終結　157
フィードバック　65
ブースターセッション　161
フォローアップ　126, 156, 160
フリートーク　122
ブレインストーミング　117
プロジェクト　188

ベックの抑うつ尺度（BDI：Beck Depression Inventory）　61, 125
ホームワーク　62, 65, 105, 131, 164

ま 行

まとめの作業　76
メタ認知　122
メモ　132
面接目標　128
メンタルヘルス　22
目標
　　——設定　39
　　——の具体化　144
モチベーション　33, 50, 64, 73, 113, 114, 120, 128, 156, 178
問題解決　128
　　——志向　33
　　——のためのチーム　32
　　——法　115, 147, 151
　　——療法　117

や 行

予防　22

ら 行

来談者中心療法　57
リラクセーション法　165, 182
理論的根拠　62
ロジャーズ　57
論理情動行動療法　6

著 者

伊藤　絵美（いとう　えみ）

社会学博士，臨床心理士，精神保健福祉士
慶應義塾大学大学院社会学研究科博士課程満期退学
現在　洗足ストレスコーピング・サポートオフィス所長
主な著書・論文：「認知心理学と認知療法の相互交流についての一考察："問題解決"という主題を用いて」（慶應義塾大学大学院社会学研究科紀要，1994年），「心身症の治療：問題解決療法」（心療内科，5，2001年），『認知療法ケースブック』（分担執筆，星和書店，2003年），『ジュディス・S・ベック著：認知療法実践ガイド・基礎から応用まで—ジュディス・ベックの認知療法テキスト』（共訳，星和書店，2004年）など。

認知療法・認知行動療法カウンセリング初級ワークショップ

2005年11月21日　初版第1刷発行
2022年5月30日　初版第9刷発行

著　者　伊藤絵美
発行者　石澤雄司
発行所　㈱星和書店
　　　　〒168-0074　東京都杉並区上高井戸1-2-5
　　　　電話　03（3329）0031（営業部）／03（3329）0033（編集部）
　　　　FAX　03（5374）7186（営業部）／03（5374）7185（編集部）
　　　　http://www.seiwa-pb.co.jp

©2005　星和書店　　　Printed in Japan　　　ISBN978-4-7911-0589-2

・本書に掲載する著作物の複製権・翻訳権・上映権・譲渡権・公衆送信権（送信可能化権を含む）は㈱星和書店が保有します。
・JCOPY〈（社）出版者著作権管理機構 委託出版物〉
本書の無断複製は著作権法上での例外を除き禁じられています。複製される場合は，そのつど事前に（社）出版者著作権管理機構（電話 03-5244-5088，FAX 03-5244-5089，e-mail：info@jcopy.or.jp）の許諾を得てください。

認知行動療法カウンセリング
実践ワークショップ

CBTの効果的な始め方とケースフォーミュレーションの実際

[著] 伊藤絵美
A5判　196頁　本体価格 2,400円

初級編に続き、CBTの要である「導入」「アセスメント」「ケースフォーミュレーション」をテーマに、セラピストがCBTを安全に開始し、効果的に進めていくために必要な考え方や実践方法を学べる。

DVD
認知行動療法カウンセリング
実践ワークショップ

CBTの効果的な始め方とケースフォーミュレーションの実際

伊藤絵美
A5函入　DVD2枚組（収録時間5時間23分）
本体価格 8,000円
※書籍＋DVDのセット販売はしておりません。

伊藤絵美が行っている大好評のワークショップを完全録画。セラピストがCBTを安全に開始し、効果的に進めていくために必要な考え方や実践方法をワークショップの臨場感そのままに学べる。

発行：星和書店　http://www.seiwa-pb.co.jp　価格は本体（税別）です

DVD
認知療法・認知行動療法
カウンセリング初級ワークショップ

伊藤絵美
A5函入　DVD2枚組（収録時間5時間37分）
本体価格 12,000円
※書籍＋DVDのセット販売はしておりません。

大好評の認知行動療法ワークショップを完全収録。基本モデルの説明、実際のセッションの進め方、実践的ロールプレイなど、これから認知行動療法を学ぶ人たちに最適。

認知療法・認知行動療法
面接の実際〈DVD版〉

伊藤絵美
B5函入　DVD4枚組（収録時間6時間40分）
［付属テキスト］B5判　112頁　本体価格 18,000円

認知療法・認知行動療法の面接場面をDVDに収録。認知行動療法の面接の基本的なパターンを8つの面接場面で網羅。わかりやすい解説書付き。

発行：星和書店　http://www.seiwa-pb.co.jp　価格は本体（税別）です

自分でできる
スキーマ療法ワークブック

Book 1
B5判　240頁　本体価格 2,600円

Book 2
B5判　272頁　本体価格 2,800円

生きづらさを理解し、こころの回復力を取り戻そう

［著］伊藤絵美

スキーマ療法とは、認知行動療法では効果の出ない深いレベルの苦しみを解消するために米国の心理学者ヤングが考案した心理療法である。認知行動療法では、頭に浮かぶ考えやイメージのことを認知と呼ぶ。浅いレベルの認知を自動思考と呼び、深いレベルの認知をスキーマと呼ぶ。スキーマ療法は、心の深い部分の傷つきやずっと抱えてきた生きづらさなど深いレベルの認知に働きかけ、認知行動療法の限界を超えて、大きな効果をもたらす。

本書は、治療者やセラピストがいなくても、自分ひとりでスキーマ療法に取り組めるように作成されたワークブックである。本書でスキーマ療法に取り組むことにより、自らの生きづらさを理解し、こころの回復力を取り戻すことが出来る。

発行：星和書店　http://www.seiwa-pb.co.jp　価格は本体(税別)です